人力资源管理专业系列教材

人口与人力资源概论

同步综合练习

彭　进　徐向龙　编

中国劳动社会保障出版社

图书在版编目(CIP)数据

人口与人力资源概论同步综合练习/彭进，徐向龙编写. —北京：中国劳动社会保障出版社，2007

人力资源管理专业系列教材

ISBN 978-7-5045-6170-1

Ⅰ. 人… Ⅱ. ①彭…②徐… Ⅲ. ①人口学-高等教育-自学考试-习题②劳动力资源-资源管理-高等教育-自学考试-习题 Ⅳ. C92-44 F241-44

中国版本图书馆 CIP 数据核字(2007)第 110326 号

中国劳动社会保障出版社出版发行

（北京市惠新东街1号 邮政编码：100029）

出版人：张梦欣

*

北京市艺辉印刷有限公司印刷装订 新华书店经销

787毫米×960毫米 16开本 7印张 115千字

2007年8月第1版 2014年6月第6次印刷

定价：10.00元

读者服务部电话：010-64929211/64921644/84643933

发行部电话：010-64961894

出版社网址：http://www.class.com.cn

编写说明

本书是为了配套人力资源管理专业系列教材《人口与人力资源概论》(彭进主编，中国劳动社会保障出版社 2006 年版）而编写的教学练习册。本书同时也可作为自学考试指定用书的练习册使用。

书中难免有不足和纰漏，恳请读者批评指正。

《人口与人力资源概论同步综合练习》编写小组

2007.1

目　录

第一章 人口与人力资源科学导论

考核内容

一、人口与人力资源科学的研究对象

（一）人口与人力资源科学是一门社会科学

人口与人力资源科学是一门新兴的社会科学，是社会学的一个分支领域，具有其特殊现象领域和独立存在的研究对象。

人口与人力资源科学是以具有复杂内容的人口与人力资源现象为研究对象，通过对人口现象与人力资源现象的研究，揭示人口现象和人力资源现象的本质特征和发展规律。

人口与人力资源问题在科学领域中占有极其重要的地位。人口与人力资源科学是以经济科学作为基础的社会科学，其研究对象就是具有复杂内容的人口和人力资源现象。

（二）人口与人力资源科学的特点

1. 人口与人力资源科学具有阶级性。

2. 人口与人力资源科学具有实践性。

二、人口与人力资源科学的任务

（一）人口与人力资源的根本任务

人口与人力资源科学的研究对象是具有复杂内容的人口与人力资源现象，其研究的根本任务，在于通过研究各种纷纭复杂的人口与人力资源现象，揭示各种人口与人力资源现象的本质特征和发展的客观必然性。

（二）人口与人力资源发展规律的客观性

人口与人力资源发展规律是客观的。其客观性表现在：第一，人口与人力资源发展规律产生的条件是客观的。第二，人口与人力资源规律发生作用是客观的。

承认人口与人力资源规律的客观性，人们就能发挥自己的主观能动性，去认识、利用规律。首先，是正确认识人口与人力资源规律。其次，是利用人口与人力资源规律。

（三）人口与人力资源规律的类型

人口与人力资源规律依据其产生并发生作用的条件可分为两种类型。一是一般规律，就是一切社会形态或几个社会形态共有的人口与人力资源规律。二是特殊规律，就是某个社会形态特有的规律。

三、人口与人力资源科学的主要内容

人口与人力资源科学的主要内容包括人口与人力资源科学的基本概述、人口的基本理论、人力资源的基本理论。

四、学习人口与人力资源科学的方法

学习人口与人力资源理论，最根本的方法就是要树立一种理论联系实际的学风。其具体的研究方法有：联系和发展的方法、科学的抽象方法、理论与实践相统一的方法、继承与借鉴相统一的方法。

重点和难点

本章是导论，主要掌握本科学的研究对象和任务。本章主要掌握以下考点：(1) 人口、人力资源、人口与人力资源科学和人口与人力资源规律的含义。(2) 人口与人力资源科学的研究对象。(3) 人口与人力资源问题的重要地位。(4) 人口与人力资源科学的特征。(5) 人口与人力资源科学的根本任务。(6) 人口与人力资源规律的客观性。(7) 人口与人力资源规律的类型。

同步综合练习

一、单项选择题

1. 人口与人力资源科学是一门（ ）。

A. 经济科学　　B. 管理科学

C. 行为科学　　D. 社会科学

2. 人口与人力资源问题是一种极其复杂的（ ）。

A. 政治问题　　B. 经济问题

C. 社会问题　　D. 学科问题

3. 人口与人力资源科学的基础科学是（　　）。

A. 经济科学　　B. 劳动经济科学

C. 人口科学　　D. 组织行为科学

4. 人口与人力资源科学的研究对象是（　　）。

A. 人口与人力资源现象

B. 人口与人力资源的经济现象

C. 生产关系和生产力两个领域

D. 人口与人力资源的本质特征和规律

5. 下列属于人口与人力资源科学特点的是（　　）。

A. 理论性　　　　B. 创造性

C. 可用性　　　　D. 阶级性

6. 特殊的人口与人力资源规律是一般的人口与人力资源规律在特定社会生产方式下产生并发挥作用的（　　）。

A. 具体内容　　　　B. 具体方式

C. 特殊形态　　　　D. 特殊属性

7. 人口与人力资源发展规律产生的条件是（　　）。

A. 一定的社会经济发展状况

B. 一定的社会经济条件

C. 一定的社会生产方式

D. 一定的人口与人力资源状况

8. 学习人口与人力资源理论的根本方法是（　　）。

A. 联系和发展的方法　　　　B. 理论联系实际的方法

C. 科学的抽象的方法　　　　D. 继承与借鉴相统一的方法

二、多项选择题

1. 人口与人力资源科学是（　　）。

A. 以经济科学作为基础的社会科学

B. 一种极其复杂的社会问题

C. 以具有极其复杂内容的人口与人力资源现象为研究对象

D. 揭示人口与人力资源现象的本质特征和发展规律的科学

E. 推动整个经济和社会发展的动力

2. 人口与人力资源科学的特点有（　　）。

A. 阶级性　　　　B. 规律性　　　　C. 社会性

D. 实践性　　　　E. 操作性

3. 利用人口与人力资源规律主要取决于如下方面（　　）。

A. 人的主观能动性　　　　B. 对规律的认知程度

C. 社会经济条件　　　　D. 阶级背景

E. 规律与人们利益的一致性

4. 人口与人力资源的一般规律有（　　）。

A. 人类自身生产必须与物质资料生产相适应的规律

B. 人口再生产及其类型转变的规律

C. 人口素质与构成趋向进步和优化的规律

D. 人口分布与迁移的基本规律

E. 劳动人口职业构成变动的规律

5. 人口与人力资源科学研究的具体方法主要有（　　）。

A. 联系和发展的方法

B. 科学的抽象方法

C. 理论与实践相统一的方法

D. 继承与借鉴相统一的方法

E. 唯物辩证法

三、名词解释题

人口与人力资源科学　人力资源　人口与人力资源规律

四、简答题

1. 人口与人力资源科学有何特点？

2. 人口与人力资源科学的根本任务是什么？

3. 简述人口与人力资源规律的客观性。

4. 怎样认识和利用人口与人力资源规律？

5. 人口与人力资源科学有哪些具体的研究方法？

参考答案

一、单项选择题

1. D　2. C　3. A　4. A　5. D

6. C　7. B　8. A

二、多项选择题

1. ACD　2. AD　3. BD　4. ABCDE　5. ABCD

三、名词解释题

人口与人力资源科学：是以具有复杂内容的人口与人力资源现象为研究对象，通过对人口现象与人力资源现象的研究，揭示人口现象和人力资源现象的本质特征和发展规律。

人力资源：是指能够推动整个经济和社会发展的具有智力劳动和体力劳动能力的人的总称，它包括数量和质量两个指标。人力资源也就是人口中具有劳动能力的在劳动年龄范围内的那部分人口的总体。

人口与人力资源规律：人口与人力资源规律是指人口与人力资源现象和发展过程中所固有的、内在的、本质的、必然的联系。

四、简答题

1. 答：

(1) 具有阶级性。在历史上，不同的阶级及其代表人物，对人口与人力资源的研究，提出了许多不同的看法和观点，本学科总是反映一定的阶级利益的要求并为一定的阶级利益服务。

(2) 具有实践性。理论来源于实践，服务于实践，理论的正误由实践来检验，实践的发展是理论发展的基础。作为揭示其本质特征和发展规律的人口与人力资源科学，来源于客观存在的社会实践，是对人口与人力资源现象的高度概括，同时它又服务于社会实践，并以客观存在的社会实践作为人口与人力资源的真理性标准。

2. 答：

人口与人力资源科学研究的根本任务，在于通过研究各种纷纭复杂的人口与人力资源现象，揭示各种人口与人力资源现象的本质特征和发展的客观必然性，也就是揭示人口与人力资源发展规律。人口与人力资源规律是指人口与人力资源现象和发展过程中所固有的、内在的、本质的、必然的联系。

3. 答：

人口与人力资源发展规律是客观的。其客观性表现在两方面：

(1) 人口与人力资源发展规律的产生条件是客观的。其产生的条件是一定的社会经济条件，并随着社会经济条件的变化而变化，随着相关社会经济条件的消失而退出历史舞台。

(2) 人口与人力资源规律发生作用是客观的。人口与人力资源规律作用的过程是不以人的主观意志为转移的，人们可以发现、认识、研究它们，利用它们造福于社会，但不能凭个人的主观好恶来创造、改造、压制或消灭它们。无论人们对人口与人力资源规律认识与否，它都会客观存在并发生作用。

4. 答：

(1) 正确认识人口与人力资源规律。这是尊重人口与人力资源规律并按其要求办事的前提。人们只有在对规律有正确而又深刻认识的基础上，才能对客观存在的规律做出科学的表述和概括，才能自觉地加以运用。人口与人力资源科学的根本任务是揭示客观存在的人口与人力资源现象的本质特征和发展规律，为人们提供认识、解决人口与人力资源问题的依据和方法。

(2) 利用人口与人力资源规律。人们能否有效地利用人口与人力资源规律，主要取决于两个方面：一是取决于对其规律的认知程度，人们对规律的认知越全面越深刻，在利用规律方面就越能发挥主观能动性；二是取决于利用规律的阶级背景，这是人口与人力资源规律和自然规律的重要区别。

5. 答：

(1) 联系和发展的方法。联系和发展的方法是唯物辩证法的基本观点。虽然人口与人力资源科学的研究对象是具有复杂内容的人口与人力资源现象，但它绝不是孤立地研究人口与人力资源现象。人口与人力资源不仅和生产关系相联系，而且和生产力以及社会其他方面相联系，总是在一定的社会生产方式下的人口与人力资源。

(2) 科学的抽象方法。抽象方法包括从具体到抽象和从抽象到具体两方面。从具体到抽象，就是运用唯物辩证法，对不同社会形态普遍存在的、具体的人口与人力资源现象进行分析，撇开次要因素，找出最基本的、最一般的因素，揭示这些因素的内在联系，以发现其本质特征和运动规律。从抽象到具体，就是运用已揭示的人口与人力资源的本质特征和运动规律来分析现实的、具体的人口与人力资源问题，更好地透过各种各样的人口与人力资源现象去发现人口与人力资源发展运动的本质方向。

(3) 理论与实践相统一的方法。理论与实践的统一，是马克思主义的一个最基本的原则，也是我们研究和学习人口与人力资源理论的重要方法。理论源于实践，又指导、服务于实践。我们研究人口与人力资源现象的本质特征和发展规律，目的是为社会主义现代化建设服务。

(4) 继承与借鉴相统一的方法。继承就是坚持马克思主义人口与人力资源的基本理论、基本原则和基本方法，要解放思想，与时俱进，审视在新的历史条件下人口与人力资源的变化，吸收新的实践经验来丰富和发展人口与人力资源理论。

第二章　人口的基本概述

考核内容

一、人口的社会性质

（一）人口的真实内涵

人口是指生活在特定社会制度、特定地域、具有一定数量和质量的人的总称。它是一个社会经济、文化和政治活动的基础和出发点，是生产力的要素和生产关系的体现者。人口的本质是一种社会现象。

人口具有双重属性：

人口的自然属性。人口现象首先表现为一种生物现象，人口的生物属性是人类社会生存的自然基础，表现为人口的数量、质量、性别结构、年龄结构、人口再生产周期和生命周期。因此，人口是一种生物现象。

人口的社会属性。人类是社会化的动物，人类一切生物活动总是在一定的社会生产方式影响下进行的。这就表明人类的生物属性深受社会属性的影响和制约。因此，人口更重要的是社会属性。

（二）人类增殖与动物增殖的根本区别

人口的本质特征，是通过人类增殖和动物增殖的区别体现出来的。人类增殖与动物增殖的根本区别主要有以下四点：（1）两者与自然界的关系不同。（2）两者个体间的关系不同。（3）两者生活的环境不同。（4）两者决定性的因素不同。

二、人口在社会生产中的地位和作用

（一）人口是全部人类社会生产行为的基础和主体

人是社会物质生活的基本因素。从人与自然界关系来看，人是自然界的支配者，而自然界则是被支配者，这是人所特有的主观能动性的必然表现。

（二）人是生产力中的决定性因素

从人与生产力的关系来看，社会生产力是社会生产方式变更和发展的基础，在社会生产方式中起着主要的决定性的作用。

（三）人既是社会财富的创造者，又是社会财富的消费者

从人与社会财富的关系来看，首先，人是社会财富的创造者。其次，人作为社会财富的消费者，消费反作用于生产，促进生产的发展。

三、人口对社会发展的影响

（一）人口是人类社会存在和发展的基本前提

一定数量的人口是人类社会存在和发展的基本前提。一定数量的人口是社会分工的物质前提。

（二）人口的增长对社会发展的影响

人口虽然是社会生产行为的基础和主体，是人类社会存在和发展的基本前提，但是，人口的增长对社会发展不起决定性的作用，人口的增长对社会发展的影响表现为有时促进社会的发展，有时却延缓社会的发展。

四、人口的基本理论

（一）马尔萨斯的人口理论

1. 马尔萨斯人口理论的主要内容

第一，构成其人口理论的两个原理。第二，两个级数的论断。第三，减少人口的两种途径。第四，人口波动规律的理论。

2. 对马尔萨斯人口理论的基本评价

马尔萨斯的人口理论是代表资产阶级利益并为资产阶级服务的理论，主要存在三点不科学甚至错误的论点：第一，两个级数的论断是片面的。第二，减少人口的两种途径和手段是违背人性的。第三，马尔萨斯的人口理论建立在纯自然的基础之上，撇开了社会生产方式和社会制度的性质。

（二）马克思主义的“两种生产”理论

马克思主义的“两种生产”理论是马克思和恩格斯在批判马尔萨斯的人口理论的基础上建立起来的。

1. “两种生产”理论是什么

社会生产和再生产，其本身有物质资料的生产和人类自身的生产。马克思主义“两种生产”理论是马克思、恩格斯提倡的历史唯物主义的重要组成部分，是马克思主义人口与人力资源理论的基本观点，也是社会主义国家实行计划生育的重要理论依据。

2. “两种生产”理论的主要内容

第一，“两种生产”之间的关系。第二，“两种生产”的各自作用。第三，“两种生产”的各自特点。第四，“两种生产”之间的比例关系。

3. “两种生产”相互关系的一般规律

人类社会的“两种生产”相互依存、相互渗透、相互制约、相互影响

的关系是对立统一关系。“两种生产”相互关系的一般规律是：人类自身的生产必须与物质资料的生产相适应。这是任何社会共同的、普遍的客观规律。这一客观规律，在不同的社会形态下其发生作用有不同的表现形式。

重点和难点

本章是重点章，本章应该掌握的知识点有：（1）人口的真正含义。（2）人口的自然属性和社会属性。（3）人类增殖与动物增殖的根本区别。（4）人口在社会生产中的地位和作用。（5）人口对社会发展的影响。（6）马尔萨斯人口理论的主要内容。（7）什么是“两种生产”理论。（8）马克思主义的“两种生产”理论的主要内容。（9）“两种生产”相互关系的一般规律。

同步综合练习

一、单项选择题

1. 人类区别于其他动物的本质特征是（　　）。

A. 自然属性　　B. 社会属性

C. 主观能动性　　D. 生产力第一要素

2. 人类社会生存的自然基础是（　　）。

A. 生物属性　　B. 社会属性

C. 自然环境　　D. 人的群体生活

3. 人口的本质是（　　）

A. 一种生物现象　　B. 一种社会现象

C. 一种自然现象　　D. 一种社会生产方式

4. 动物的个体相互关系是（　　）。

A. 自然形成的群体关系　　B. 人类影响力的群体关系

C. 交配关系　　D. 纯粹生物性的关系

5. 古猿人从动物界脱离出来产生人类的标志（　　）。

A. 产生语言交流　　B. 制造和使用劳动工具

C. 群体生活　　D. 建立生产关系

6. 人类增殖的决定性因素主要是（　　）。

A. 生物学上繁殖下一代的规律

B. 人类的婚姻家庭制度

C. 人类所生活的社会生产方式及其影响下的一切社会经济制度

D. 自然环境和社会环境

7. 人口是全部社会生产行为的（　　）。

A. 基础　　B. 原因

C. 条件　　D. 因素

8. 从人与自然界的关系来看，人是自然界的（　　）。

A. 第一资源　　B. 主体

C. 支配者　　D. 被支配者

9. 全人类首要的生产力就是（　　）。

A. 劳动资料　　B. 劳动对象

C. 科学技术　　D. 劳动者

10. 人类历史的第一个前提是（　　）。

A. 一定的物质条件　　B. 一定的生产方式

C. 一定数量的人口　　D. 一定的自然环境

11. 一定数量的人口是社会分工的（　　）。

A. 基本要素　　B. 物质主体

C. 基本动力　　D. 物质前提

12. 人口的增长对社会发展有着直接的影响，表现为（　　）。

A. 始终起着决定性作用　　B. 有时起着决定性作用

C. 始终起着促进或延缓作用　　D. 有时起着促进或延缓作用

13. 马尔萨斯《人口原理》最核心的内容是（　　）。

A. “自然法则”

B. 两个级数的论断

C. 减少人口的“积极抑制”和“预防抑制”

D. 人口波动规律理论

14. 按照马克思主义的基本观点，物质资料生产对社会发展起着（　　）

A. 主导性作用　　B. 决定性作用

C. 间歇性作用　　D. 连续性作用

15. 物质资料生产的特点是（　　）。

A. 劳动者、劳动资料和劳动对象的统一

B. 生产资料和消费资料的统一

C. 创造物质财富和精神财富的统一

D. 生产力和生产关系的统一

16. 人类自身生产的特点是（　　）。

A. 生产者与消费者的统一

B. 生产活动与生产活动的统一

C. 生产者与生育者的统一

D. 生产者、消费者与生育者的统一

17. “两种生产”相互关系的一般规律是（　　）。

A. 人类自身生产影响物质资料生产

B. 物质资料生产必须与人类自身生产相适应

C. 人类自身生产必须与物质资料生产相适应

D. 物质资料生产必然促进人类自身生产

18. 在社会主义社会中，“两种生产”互相适应是通过（　　）

A. 指令计划而实现

B. 计划调整而实现

C. 提倡晚婚晚育而实现

D. 限制人口增长而实现

二、多项选择题

1. 人口是（　　）。

A. 生活在特定社会制度、特定地域、具有一定数量和质量的人的总称

B. 一个社会经济、文化和政治活动的基础和出发点

C. 生产力要素和生产关系的体现者

D. 既是一种生物现象，又是一种社会现象

E. 社会发展的根本动力

2. 下列属于人口的社会属性的是（　　）。

A. 性别结构　　B. 社会组织　　C. 社会文化

D. 与他人建立关系　　E. 与自然发生关系

3. 人类增殖与动物增殖的共同点是（　　）。

A. 都是由自然界提供食物、住所等生存条件

B. 都是一定历史的产物

C. 都是群体生活，都存在个体间的相互关系

D. 都在一定的环境中生活，都受环境的影响

E. 都受一定社会环境的影响

4. 人类增殖与动物增殖的根本区别在于（　　）。

A. 通过制造和使用劳动工具，积极地、主动地改造自然
B. 个体间的相互关系形成了一定的社会制度
C. 不仅受自然环境的影响，更重要的是受社会环境的影响
D. 决定因素主要是人类所生活的社会生产方式及其影响下的一切社会经济制度
E. 既是一种生物现象，又是一种社会现象

5. 人口在社会生产中的地位和作用主要表现为（　　）。
A. 全部人类社会生产行为的基础和主体
B. 生产力中的决定性因素
C. 社会财富的创造者和消费者
D. 决定着物质资料的生产
E. 社会发展的根本动力

6. 人口的增长对社会发展的影响表现在（　　）。
A. 决定着社会的发展
B. 始终推动社会的发展
C. 最终会阻碍社会的发展
D. 有时促进社会的发展
E. 有时延缓社会的发展

7. 马克思主义“两种生产”理论是（　　）。
A. 马克思和恩格斯在批判马尔萨斯的人口理论基础上建立起来的
B. 揭示资本主义相对过剩人口的本质
C. 马克思主义的重要组成部分
D. 马克思主义人口与人力资源理论的基本观点
E. 社会主义国家实行计划生育的重要理论依据

8. “两种生产”之间的辩证关系是（　　）。
A. 相互依存　　B. 相互渗透　　C. 相互对立
D. 相互制约　　E. 相互影响

9. “两种生产”之间的比例关系主要有（　　）。
A. 人口增长的数量与物质资料生产增长的数量之间的比例
B. 社会劳动者人数增长与社会生产资料数量增长之间的比例
C. 社会总人口的增长与社会消费资料增长之间的比例
D. 人口的增长速度与新创造的物质财富增长速度之间的比例
E. 人口质量的提高速度与人口投资的增长速度之间的比例

三、名词解释

人口

四、简答题

1. 如何理解人口的真实内涵？
2. 如何理解人口的双重属性？
3. 人口的社会属性有哪些表现？
4. 简述人口是人类社会生存和发展的基本前提。
5. 人口的增长对社会发展产生哪些影响？
6. 马尔萨斯人口理论有哪些主要内容？
7. 对马尔萨斯人口理论有哪些基本评价？
8. “两种生产”之间有哪些比例关系？

五、论述题

1. 分析人类增殖与动物增殖的根本区别。
2. 分析人口在社会生产中的地位和作用。
3. 马克思“两种生产”理论的主要内容。

参考答案

一、单项选择题

1. B	2. A	3. B	4. D	5. B
6. C	7. A	8. C	9. D	10. C
11. D	12. D	13. D	14. B	15. D
16. D	17. C	18. B		

二、多项选择题

1. ABCDE	2. BCD	3. ACD	4. ABCD	5. ABCE
6. DE	7. ABCDE	8. ABDE	9. BCDE	

三、名词解释

人口：是指生活在特定社会制度、特定地域、具有一定数量和质量的人的总称。是一个社会经济、文化和政治活动的基础和出发点，是生产力的要素和生产关系的体现者。

四、简答题

1. 答：

人口的真实含义可以从自然性和社会性两个方面理解。人口自然属性，首先表现为一种生物现象，它是人类社会生存的自然基础。因此，人口从自然属性来看，人类增殖是一种生物现象。人口的社会属性。人类是社会化的动物，人类一切生物活动总是在一定的社会生产方式影响下进行的。因此，人口更重要的是社会属性。

2. 答：

（1）人口的自然属性。人口现象首先表现为一种生物现象，表现为人类个体的出生、成长、繁殖、衰老和死亡的生命历程都要服从生物学规律，受生物学规律的支配，并以此为基础构成了人类自身的历代繁衍和世代更新。人口的生物属性是人类社会生存的自然基础，表现为人口的数量、质量、性别结构、年龄结构、人口再生产周期和生命周期。因此，人口是一种生物现象。

（2）人口的社会属性。人类是社会化的动物，人类一切生物活动总是在一定的社会生产方式影响下进行的。人是社会行动者，其生存和发展依赖于社会、社区、家庭等一系列的社会组织、社会文化与他人建立关系。这就表明，人类的生物属性深受社会属性的影响和制约。因此，人口更重要的是社会属性。

3. 答：

（1）人口发展过程、人口结构和人口变迁都是在一定的社会生产方式下进行的，社会经济发展水平决定着人口的生存和发展，社会生产和分配制度影响和制约人口的生物属性。

（2）人口发展过程、人口结构和人口变迁都是在一定的社会文化中进行的，表现为社会成员的生活方式、全部人文环境以及婚姻家庭制度影响人口的生物属性。

（3）人口发展过程、人口结构和人口变迁都是在一定的政治制度下进行的，表现为维持社会秩序和社会稳定性的规范和控制力量影响和制约人口的生物属性。

正是人口表现的社会属性，使人口增殖这种生物性行为具有社会特性，是人类的本质特征。所以，人口现象本质上是一种社会现象。

4. 答：

（1）一定数量的人口是人类社会存在和发展的基本前提。只有一定数量的人口，人类才能以社会为单位从事物质产品生产，才存在社会生活，才会有语言、文字、科学、文化等的创造和发明，从而产生人类历史。

（2）一定数量的人口是社会分工的物质前提。人口数量和人口密度是社会内部分工的物质前提。在任何社会条件下，社会分工都是以一定数量的人口和人口密度为前提的，而社会分工使劳动生产率提高，从而促进社会的发展。

5. 答：

人口的增长对社会发展的影响表现为有时促进社会的发展，有时却延缓社会的发展。这种影响要视客观条件不同而定。对那些人口数量少、人口密度小而又有大量待开发的自然资源的国家和地区，人口增长就会促进社会的发展；而那些人口数量多、人口密度大的国家和地区，适当控制人口增长，则更有利于社会的发展。一个国家或地区的人口过多或者过少都会延缓社会的发展，只有人口增长同社会生产、社会条件相适应时才能促进社会的发展。

6. 答：

(1) 构成其人口理论的两个原理。一是食物是人类生存所必需的；二是人类两性间的性欲是必然的。这两个原理是其人口理论构建的两个前提，也是其人口理论的“两个公理”或“自然法则”。

(2) 两个级数的论断。人口是以几何级数增长的，其增殖力是无限的；而生活资料生产是以算术级数增长的，比人口增长要慢得多。因此，人口过剩和食物匮乏就成为必然。

(3) 减少人口的两种途径。一种是“积极抑制”；另一种是“预防性抑制”。

(4) 人口波动规律的理论。马尔萨斯依据他的两个自然法则和两个级数，推论出三个命题。这一理论是马尔萨斯的人口理论的核心内容。

7. 答：

马尔萨斯的人口理论是代表资产阶级利益并为资产阶级服务的理论，存在许多不科学甚至错误的论点。主要是：第一，两个级数的论断是片面的。因为科学技术的发展，使生产生活资料的劳动生产率大大提高，消费资料越来越丰富，生活资料的供给类型和生育类型均发生了根本性的改变。人类历史发展表明，发达国家社会劳动生产率提高，社会财富的增长，不仅不引起人口的快速增长，反而会使人口出生率下降，人口增长缓慢，有的甚至减少。第二，减少人口的两种途径和手段是违背人性的。除马尔萨斯所提出的避孕、晚婚仍然是减少生育率的有效机制外，其他的如采用战争、瘟疫、饥饿、疾病、杀婴等手段减少人口都是违反人性的。第三，马尔萨斯的人口理论建立在纯自然的基础之上，撇开社会生产方式和社会制度的性质。他认为贫困人口是不可避免的，把资本主义所产生的失业、贫困和战争等一系列社会问题简单地归结为是人口自然规律的结果，与资本主义制度无关，从本质上否定了社会制度因素的作用，从而为掩盖资本主义制度的实质服务。

8. 答：

“两种生产”之间在数量上存在着一定的比例关系。主要比例是：社会劳动者人数增长与社会生产资料数量增长之间的比例；社会总人口的增长与社会消费资料增长之间的比例；人口的增长速度与新创造的物质财富增长速度之间的比例；人口质量的提高速度与人口投资的增长速度之间的比例。

五、论述题

1. 答：

(1) 两者与自然界的关系不同。两者与自然界的关系存在着根本区别。动物是消极地适应自然界，靠自然界提供天然食物，以维持生命和繁殖后代，自然界支配着动物。而人类则不同，人类绝不是消极地适应自然界，而是通过制造和使用劳动工具，运用劳动工具积极地、主动地改造自然，生产出能满足人类各种需要的物质产品，从而维持生命和繁殖后代。正是这一根本区别，成为古猿人从动物界脱离出来产生人类的标志。

(2) 两者个体间的关系不同。人类与动物都是群体生活，都存在个体间的相互关系。但是，人类与动物个体间的关系是完全不同的，动物的个体相互关系纯粹是生物性的，动物之间雌雄结合与交配、生殖与养育下一代，仅仅是为了生存和延续后代。而人类个体间的相互关系已形成了一定的社会制度，是在一定的社会生产方式影响下进行的。人类增殖过程建立了夫妻关系、父母与子女之间的关系即家庭，人类增殖是与家庭这种社会制度分不开的。

(3) 两者生活的环境不同。人类与动物虽然都在一定的环境中生活，都受环境的影响。但是，动物生活的环境是自然界和人类的影响力，动物的繁殖与社会生产方式不存在任何关系。而人类增殖不仅受自然环境的影响，更重要的是受社会环境的影响。人类增殖必然受到社会生产关系的制约，受经济基础、上层建筑等社会经济制度的影响。人类的婚姻家庭制度都是一定历史的产物，是由人类生活的社会环境所决定的。可见，人类生活的环境中最重要的是人类在从事物质生产时所结成的一定的生产关系以及在此基础上建立的社会经济制度。

(4) 两者决定性的因素不同。由于人类增殖和动物增殖在与自然界的关系、个体间的关系和生活环境不同，必然造成两者在决定性因素上的完全不同。动物增殖的决定性因素是生物学上繁殖下一代的规律，是动物的天然本能。而人类增殖的决定性因素除了生物因素外，主要是人类所生活的社会生产方式及其影响下的一切社会经济制度。

2. 答：

(1) 人口是全部人类社会生产行为的基础和主体。人是社会物质生活的基本因素，如果没有一定数量的人口，就不可能有任何社会物质生活，就不会存在人类社会生产行为。从人与自然界关系来看，人创造生产工具，能动地改造自然，使物的形态改变，生产出适合人需要的物质资料。可见，人是自然界的支配者，而自然界则是被支配者，这是人所特有的主观能动性的必然表现。

(2) 人是生产力中的决定性因素。从人与生产力的关系来看，社会生产力是社会生产方式变更和发展的基础，在社会生产方式中起着主要的决定性的作用。在构成社会生产力的劳动者、劳动资料和劳动对象中，作为劳动者的人起着决定性的作用。在生产中，人起着主要的决定性作用。

(3) 人既是社会财富的创造者，又是社会财富的消费者。从人与社会财富的关系来看，首先，人是社会财富的创造者，包括劳动资料、劳动对象的生产资料和满足人们需要的消费资料以及包括科学、文化等在内的精神财富，都是劳动者创造的。其次，人作为社会财富的消费者，同样是重要的，消费反作用于生产，消费促进生产的发展，人的消费水平提高，对生产提出更新更高的要求，从而促进生产的发展。

3. 答：

(1)“两种生产”之间的关系。“两种生产”之间存在着相互依存、相互渗透、相互制约、相互影响的关系。如果没有物质资料的生产，就没有生产劳动，也就没有人类社会的产生和存在，人口再生产就无法进行。但如果没有人口的生产和再生产，也就没有物质资料生产的主体，就没有生产的动力和承担者，生产的物质资料就无人去消费，物质资料生产同样无法进行。在物质资料生产过程中，都要有人参与其中，渗透到各个方面，人在物质生产的各个领域、各个部门和环节中发挥了主导作用。

(2)“两种生产”的各自作用。按照马克思主义的基本观点，物质资料生产对社会发展起着决定性作用。因为物质资料生产是社会存在和发展的物质基础，随着物质资料生产的发展，社会生产力的提高，必然引起人类社会的变迁和发展。而人口的生产和增长对社会发展有影响，它促进或者延缓社会的发展。人口不仅是社会生产方式运动过程的主体，而且是社会基本生产力和社会基本消费力的对立统一体，反作用于社会生产的经济运动的全过程。因此，人口的生产和增长、人口的数量和质量对社会发展的影响起着促进或延缓作用。

(3)“两种生产”的各自特点。物质资料生产必须有包括劳动者、劳动资料和劳动对象的生产力，同时在物质资料的生产过程中结成一定的生产关系。因此，物质资料生产的特点是生产力和生产关系的存在与对立统一。而作为社会的人，首先是社会财富的生产者。只有充当生产者，才能进行人口再生产；作为社会的人又是社会财富的消费者，只有消费物质资料，才能维持本身的生命和养育下一代；同时人又是生育者，只有充当生育者，进行生育活动，人类社会才能存在和发展，才有生产和消费活动，才存在物质资料的生产。可见，人类自身生产的特点是生产者、消费者、生育者三者的统一。

(4)“两种生产”之间的比例关系。“两种生产”之间在数量上存在着一定的比例关系。主要比例是：社会劳动者人数增长与社会生产资料数量增长之间的比例；社会总人口的增长与社会消费资料增长之间的比例；人口的增长速度与新创造的物质财富增长速度之间的比例；人口质量的提高速度与人口投资的增长速度之间的比例。这四种比例关系是最主要的比例关系，只要处理好这些比例关系，就能够使“两种生产”协调发展。

第三章 人口发展与人口结构

考核内容

一、人口发展

人口范畴是一个历史性范畴，受各种自然因素和社会经济因素的影响和制约，人口在客观上表现为一个动态发展的过程。

（一）世界人口发展的概况

1. 世界人口增长的历史

几百万年以前，一部分古猿猴逐步脱离动物界，进化为人类。由于当时人类社会的生产力发展水平极低，因而人口数量不多，增长速度也极其缓慢。长期以来，人类社会的人口出生率很高，人口死亡率极高，人口自然增长很低，有时甚至出现人口负增长。

2. 世界人口的自然增长

出生与死亡是人口自然变动的两个基本因素，两者之差便是人口的自然增长。世界人口的自然增长是世界人口的出生与死亡之间相互消长的结果。

欧洲和北美洲国家出生率最低，死亡率也是低水平，人口增长极其缓慢。亚洲、非洲、拉丁美洲国家出生率高，而死亡率下降，因此人口自然增长率很高。

3. 世界人口的构成

（1）世界人口的自然构成。（2）世界人口的社会构成。（3）世界人口的地域构成。

（二）中国人口发展的概况

1. 中国人口增长的历史。

2. 旧中国的人口问题。

3. 新中国人口的增长。

4. 现阶段中国人口状况和问题。（1）人口基数巨大且继续保持增长势头。（2）人口文化素质偏低。（3）人口年龄结构趋于老化。（4）就业人口持续增加，就业压力进一步增大。(5) 人口性别比偏高。

二、人口结构

(一) 人口结构的含义

所谓人口结构，是指一定地区和一定时间按一定的质的规定性来划分与组合的人口总体内部的比例关系。人口结构具有多种规定性的多元化特点。人口结构又是一个随时间推移而不断变动的历史范畴。

(二) 人口结构的分类

按照人口结构所具有的质的规定性分为三大类：人口的自然结构、人口的地域结构和人口的社会结构。

1. 自然结构。人口的自然结构是根据人口的自然特征来划分的，它反映了人口的自然属性的质的规定性。人口的自然结构包括人口的年龄结构和性别结构。

2. 地域结构。人口的地域结构主要包括人口的自然地理结构、人口的行政区域结构、人口的城乡结构。

3. 社会结构。人口的社会结构是根据人口的社会经济特征来划分的，它反映人口的社会属性的各种质的规定性，是按一定的经济特征或社会特征来划分和组合的人口结构比例关系，包括人口的文化结构和民族结构等。

(三) 中国的人口结构及问题

1. 性别结构。
2. 年龄结构。
3. 人口产业结构。
4. 人口文化结构。

三、人口的城镇化

(一) 人口城镇化的客观趋势

人口城镇化是指城市人口的集聚和增长所形成的城市人口占总人口比例增长的过程。更严格地说，它是指居住在乡村地区的农业人口转变为居住在城镇地区的非农业人口的过程。城镇化过程主要包含以下内容：

1. 乡村农业人口向非农业人口转化并集聚和居住在城镇，他们的居住方式和生活方式逐渐脱离农村而转向城镇。

2. 在城镇人口数量和比重增加的同时，城镇数量随着增加并逐渐形成各种规模和不同类型相结合的城镇体系。

3. 随着非农化和工业化的发展，城镇人口在总人口中的比重占绝对多数，城镇日益成为国民经济发展的中心，对乡村地区以至全国产生日益强大的影响。

4. 传统农业社会转变为现代工业社会。人口城镇化是社会劳动分工不断完善和生产力发展的必然结果。

农业人口转化为非农业人口，必须具备两个前提：一是农业要能够为社会提供足够的剩余粮食，以满足非农业劳动部门人口的需要；二是在不影响农业生产的前提下，农业存在剩余劳动力，从农业部门游离出来从事非农业部门的劳动。这两个前提的关键是农业劳动生产率的提高。

（二）人口城镇化的发展

1. 人口城镇化呈现出两种主要的发展趋势。

2. 人口城镇化模式。

（三）中国人口城镇化的发展趋势

1. 人口城镇化的发展过程。

2. 中国人口城镇化的主要模式。

重点和难点

本章应掌握的知识点有：（1）世界人口的自然增长。（2）世界人口的构成。（3）近两千年中国人口的增长。（4）现阶段中国人口状况和问题。（5）人口结构的含义。（6）中国的人口结构及问题。（7）人口城镇化的含义。（8）人口城镇化是社会分工不断完善和生产力发展的必然结果。（9）人口城镇化呈现出两种主要的发展趋势。（10）中国人口城镇化的主要模式和发展趋势。

同步综合练习

一、单项选择题

1. 人口范畴是一个（　　）。

A. 阶级性范畴　　B. 历史性范畴

C. 社会性范畴　　D. 经济性范畴

2. 据不完全估计，公元前全球人口不超过（　　）。

A. 2 000 万人　　B. 2 500 万人

C. 3 000 万人　　D. 3 500 万人

3. 联合国根据世界人口发展的趋势，确定世界“60 亿人口日”的时间为（　　）。

A. 1998 年 10 月 12 日　　B. 1999 年 10 月 12 日

C. 2000 年 10 月 12 日　　D. 2001 年 10 月 12 日

4. 当前世界人口年龄构成的特点是，发达国家（　　）。

A. 老年组人口比重较高　　B. 老年组人口比重较低

C. 青壮年组人口比重较高　　D. 少年组人口比重较高

5. 少年人口比重在 40%以上、老年人口比重在 5%以下、老少比重在（　　）。

A. 5%以下者为年轻型人口　　B. 10%以下者为年轻型人口

C. 15%以下者为年轻型人口　　D. 20%以下者为年轻型人口

6. 少年人口比重在 30%～40%，老年人口比重在 5%～10%，老少比重在（　　）。

A. 5%～10%以下者为成年型人口

B. 10%～15%以下者为成年型人口

C. 15%～25%以下者为成年型人口

D. 15%～30%以下者为成年型人口

7. 少年人口比重在 30%以下，老年人口比重在 10%以上，老少比重在（　）。

A. 10%以上者为老年型人口　　B. 20%以上者为老年型人口

C. 25%以上者为老年型人口　　D. 30%以上者为老年型人口

8. 世界人口的性别构成，一般而言，在低年组中通常是（　　）。

A. 男女相等　　B. 男女基本平衡

C. 男多于女　　D. 女多于男

9. 目前世界上约有（　　）。

A. 1 000 多个不同的民族　　B. 2 000 多个不同的民族

C. 3 000 多个不同的民族　　D. 4 000 多个不同的民族

10. 世界人口的分布极不平衡，全世界人口居住在北半球中纬度地带近（　　）。

A. 60%　　B. 70%

C. 80%　　D. 90%

11. 中国是一个历史悠久的国家，人类居住有文物可查的历史有（　　）。

A. 3 000 年之久　　B. 4 000 年之久

C. 5 000 年之久　　D. 6 000 年之久

12. 中国人口在历史上就已达到相当规模，据史书记载，在公元 2 年就有近 6 000 万人口的规模，约占当时世界人口的（　　）。

A. 1/4　　　　B. 1/5

C. 1/6　　　　D. 1/7

13. 从总的趋势来看，中国人口在较长历史时期中，总是（　　）。

A. 不断增加　　　　B. 低增长

C. 时快时慢　　　　D. 时增时减

14. 旧中国溺女婴风气盛行的主要原因是（　　）。

A. 文化教育事业和医疗卫生事业的落后

B. 传统婚姻家庭制度的影响

C. 人口再生产完全处于无政府状态

D. “重男轻女”的旧伦理观念的影响

15. 2000 年我国进行了第五次人口普查，大陆人口为（　　）。

A. 11.34 亿人　　　　B. 12.5 亿人

C. 12.6 亿人　　　　D. 12.9 亿人

16. 以女性人口数为 100 去计算男性人口数的百分比，称为人口的（　　）。

A. 百分比　　　　B. 性别结构

C. 性比例　　　　D. 性别比

17. 人口的社会结构是根据人口的（　　）。

A. 自然特征来划分的　　　　B. 地域特征来划分的

C. 社会经济特征来划分的　　　　D. 社会经济制度特征来划分的

18. 农业人口转化为非农业人口的关键是（　　）。

A. 社会经济的迅速发展　　　　B. 农业劳动生产率的提高

C. 农业人口素质的提高　　　　D. 科学技术水平的提高

二、多项选择题

1. 民族在历史上形成的条件是（　　）。

A. 共同语言　　　　B. 共同地域　　　　C. 共同经济生活

D. 共同心理素质　　　　E. 共同利益

2. 旧中国人口高出生率的原因主要是（　　）。

A. 生产力水平极低的经济原因　　　　B. 旧伦理观念的影响

C. 传统婚姻家庭制度的影响　　　　D. 教育事业的落后

E. 医疗卫生事业的落后

3. 旧中国人口高死亡率的原因主要有（　　）。

A. 帝国主义的侵略和军阀混战

B. 贫穷困苦和繁重的劳动折磨

C. 灾荒和疾病

D. 溺女婴风气盛行

E. 文化教育事业和医疗卫生事业落后

4. 旧中国存在严重的人口问题是（　　）。

A. 城市失业现象极其严重

B. 亿万农民贫困破产

C. 人口再生产完全处于无政府状态

D. 造成大量婴儿过早死亡

E. 少数民族人口长期处于停滞乃至减少的状态

5. 现阶段我国人口发展呈现出新的特征是（　　）。

A. 人口基数巨大且继续保持增长势头

B. 人口文化素质偏低

C. 人口年龄结构趋于老化

D. 人口性别比偏高，男性多于女性

E. 就业人口持续增加，就业压力进一步增大

6. 一般说来，人口结构按照其结构所具有的质的规定性分为的大类是（　　）。

A. 自然结构　　B. 地域结构　　C. 职业结构

D. 社会结构　　E. 劳动力资源结构

7. 下列属于人口的非经济社会结构的是（　　）。

A. 产业结构　　B. 文化程度结构　　C. 阶级结构

D. 职业结构　　E. 民族结构

8. 农业人口转化为非农业人口必须具备的前提是（　　）。

A. 科学技术的进步

B. 农业要能够为社会提供足够的剩余粮食

C. 农、林、副、渔业全面发展

D. 社会劳动分工不断完善和生产力发展

E. 在不影响农业生产的前提下，农业存在剩余劳动力

9. 从城市的空间结构来看，人口城镇化模式可划分为（　　）。

A. 内力自生模式　　B. 同心圆辐射模式

C. 扇形扩展模式　　D. 多核心板块对接模式

E. 带状联结模式

10. 改革开放以来，中国人口城镇化的主要模式包括（　　）。

A. 内力自生型　　　　　　　B. 中心辐射型

C. 资源基地生长型　　　　　D. 政经中心扩展型

E. 平衡经济开发型

三、名词解释题

人口自然增长　人口结构　人口自然结构　人口地域结构　人口社会结构　人口产业结构　人口文化结构　人口城镇化

四、简答题

1. 旧中国人口高出生率的原因是什么?

2. 旧中国人口高死亡率的原因是什么?

3. 旧中国存在哪些严重的人口问题?

4. 中国人口老龄化的发展过程及其未来趋势有哪些主要特点?

5. 人口城镇化过程主要包含哪些内容?

6. 我国人口城镇化的发展滞后于工业化发展的主要原因是什么?

五、论述题

1. 现阶段我国人口发展呈现出哪些特征?

2. 分析人口年龄结构及其变动必须遵循的基本原理。

3. 分析人口的社会结构的变化所取决的社会经济因素及其发展。

参考答案

一、单项选择题

1. B	2. A	3. B	4. A	5. C
6. D	7. D	8. C	9. B	10. C
11. B	12. C	13. A	14. D	15. C
16. D	17. C	18. B		

二、多项选择题

1. ABCD	2. ABCDE	3. ABCD	4. ABCE	5. ABCDE
6. ABD	7. BCE	8. BE	9. BCDE	10. ABCD

三、名词解释题

人口自然增长：出生与死亡是人口自然变动的两个基本因素，两者之差便是人口的自然增长。

人口结构：是指一定地区和一定时间按一定的质的规定性来划分与组合的人口总体内部的比例关系；或者说，它是人口总体内部依据本身具有的不同的质的规定性来划分的，各个组成部分的数量比例关系。

人口自然结构：是根据人口的自然特征来划分的，它反映了人口的自然属性的质的规定性。主要包括人口的年龄结构和性别结构。

人口地域结构：是根据人口的居住地的地域特征来划分的，它既有反映人口居住地的自然环境特征的一面，又有反映其社会经济环境特征的一面。主要包括自然地理结构、行政区域结构、城乡结构。

人口社会结构：是根据人口的社会经济特征来划分的，它反映人口的社会属性的各种质的规定性，是按一定的经济特征或社会特征来划分和组合的人口结构比例关系。人口的社会结构可以分为经济结构和非经济结构两大类。

人口产业结构：是指在业人口按三次产业划分所构成的比例关系和结合状态；严格说来，它是在业人口的产业结构。

人口文化结构：是指各种文化程度人口在总人口中所占比重形成的比例关系与结合状态。因而人口文化结构实际上就是人口文化程度结构，更确切地说是人口教育程度结构。

人口城镇化：是指城市人口的集聚和增长所形成的城市人口占总人口比例增长的过程。更严格地说，它是指居住在乡村地区的农业人口转变为居住在城镇地区的非农业人口的过程。

四、简答题

1. 答：

（1）经济原因。由于生产力水平极低，无论在农村还是城市，子女在未成年时，都必须而且能够从事一定的劳动，为家庭承担一些劳务或增加收入，这也必然鼓励多生子女，形成较高的出生率。

（2）旧伦理观念的影响。旧中国的统治者，一向尊奉孔孟之道，孔孟的思想和旧伦理道德观念的影响根深蒂固。“多子多福”成为一般人们心目中的信条，“不孝有三，无后为大”成为自古相沿的遗训。这种思想对高出生率产生极大影响。

（3）传统婚姻家庭制度的影响。旧中国虽然也通行一夫一妻制，但一夫多妻，亦为社会所认可，早婚为旧中国的社会习惯，这就必然要大大延长妇女生育期。在家庭制度上，旧中国通行大家庭制度，老年人把“四世同堂”“五世同堂”看做是多福多寿的象征。

（4）文化教育事业和医疗卫生事业的落后。广大妇女在缺医少药，缺乏生理卫生知识的情况下，即使想少生几个孩子，也没有使用科学避孕方法的条件，只能听其自然，这也导致高出生率。

2. 答：

（1）帝国主义的侵略和军阀混战。自 1840 年以来，帝国主义发动侵略中国的战争，连绵不断。帝国主义列强还通过他们所支持的各派军阀的连年混战，给中国人民带来无穷灾难，造成千千万万人们的生命损失。

（2）贫穷困苦和繁重的劳动折磨。旧中国城乡劳动人民的生活极端困苦，常年过着半饥半饱的生活，经常受到死亡威胁，婴儿因缺乏起码的营养而每每夭折。劳动人民长期从事极其繁重的劳动，劳动时间之长，劳动强度之大，劳动条件之恶劣，世界罕见。这极大地摧残了劳动人民的身体健康。

（3）灾荒和疾病。旧中国灾荒不断，疾病流行。在广大城乡既没有卫生的生活环境，又没有必要的医疗设施，各种疾病和瘟疫流行，每年都夺去许多人的生命，导致高死亡率。

（4）溺女婴风气盛行。在旧中国，一方面由于经济条件的恶劣，另一方面由于几千年来“重男轻女”的旧伦理观念的影响，使得全国到处都盛行溺女婴之风，造成女婴的死亡。

3. 答：

（1）城市失业现象极其严重。（2）亿万农民贫困破产。（3）人口再生产完全处于无政府状态。（4）少数民族人口长期处于停滞乃至减少的状态。

4. 答：

（1）人口老龄化的起点比西方国家晚，但是它的速度快，来势猛，规模大。严格来说，中国老龄化过程起步于 20 世纪 70 年代，比西方国家至少晚了三四十年。

（2）中国人口老龄化是在严格控制人口增长，通过全面实行计划生育使人口出生率、生育率和自然增长率急剧下降的人为条件下进行的，因此明显地表现为一种刚性的过程。

（3）中国人口老龄化过程较早地出现了西方国家高度老龄化社会所有的现象，也就是 70 或 80 岁以上的老龄中后期人口的比重提高得较快。

5. 答：

（1）乡村农业人口向非农业人口转化并集聚和居住在城镇，他们的居住方式和生活方式逐渐脱离农村而转向城镇。

（2）在城镇人口数量和比重增加的同时，城镇数量随着增加并逐渐形成各种规模和不同类型相结合的城镇体系。

（3）随着非农化和工业化的发展，城镇人口在总人口中的比重占绝对多数，城镇日益成为国民经济发展的中心，对乡村地区以至全国产生日益强大的影响。

(4) 传统农业社会转变为现代工业社会。人口城镇化是社会劳动分工不断完善和生产力发展的必然结果。

6. 答:

(1) 长期实行城乡双重体制和严格限制城乡迁移的政策（包括户籍、粮食供应与社会保障等方面的区别对待），这些做法既影响城镇化的发展，也妨碍二元经济结构的转变。

(2) 长期采取优先发展重工业的工业化道路，而重工业为资金技术密集型，和发展轻工业相比，不利于大量吸收农村剩余劳动力并使之转化为城镇非农人口。

(3) 长期全面实施指令性计划经济，严格限制市场经济和个体经济的发展，把它们等同于资本主义经济而加以打击和取缔，甚至限制沿海大城市的发展，使它们难以发挥经济中心的作用。

五、论述题

1. 答:

(1) 人口基数巨大且继续保持增长势头。我国是世界上人口第一大国。2003 年年末，全国总人口为 12.93 亿人，2004 年突破 13 亿人。尽管我国人口控制工作取得了显著成绩，但由于受人口惯性规律的影响，在今后相当长的一段时期，人口总量仍将以年均 800～1 000 万的速度持续增长。

(2) 人口文化素质偏低。我国人口文化素质不高，整体受教育水平与发达国家差距较大。目前，发达国家人口平均受教育年限，美国为 13.4 年、英国 14 年、加拿大 11.6 年、日本 11.1 年，而我国仅为 8 年，仅相当于美国 20 世纪初的水平。我国 15 岁及以上文盲和半文盲人口达8 500 多万，占总人口比重的 6.7%，绝对量和比例都处在较高水平，且 3/4 集中在西部农村、少数民族和边远贫困地区。科学素养比例仅为 1.4%，不仅大大低于欧共体国家的 5%，更远远落后于美国的 12%。人口文化素质是一个国家综合竞争力的核心，不大力提升我国的人口文化素质，就难以迅速缩小我国与发达国家之间的差距。

(3) 人口年龄结构趋于老化。2000 年我国 60 岁以上的老龄人口比例已达 10.1%，65 岁以上老龄人口比例为 6.9%；2010 年将分别升至 12.3%和 8.1%；2020 年将升至 16.7%和 11.5%；21 世纪中叶，将迎来老龄人口的峰值，届时 60 岁以上老龄人口比例将达到 1/4 以上。2000 年我国有 60 岁以上老龄人口 1.3 亿，2010 年将有 1.7 亿，2020 年将增至

2.5亿。我国人口老龄化的特点是发展快、总量大，而且是在经济尚不富裕，社会养老保障制度很不健全的情况下到来的，因而对我国社会经济的发展以及养老保障体系将产生严重的压力。

（4）就业人口持续增加，就业压力进一步增大。第五次人口普查数据表明，当前我国适龄劳动力占总人口的70.15%，达8亿多，比整个西方发达国家的就业人口还多3亿多。根据有关专家分析，目前我国城镇的实际失业率为7.5%，农村为34.8%。21世纪的前20年，我国每年还净增劳动人口550万人，到2020年，我国劳动人口将高达9.4亿人，占总人口的65%左右。庞大的劳动人口将对我国就业市场构成长期的、巨大的压力。

（5）人口性别比偏高。第五次人口普查数据表明，我国出生人口男女性别比例达117∶100，大大超过国际公认正常值范围，15岁以下男性人口比女性净多出1 883万。一些地区的出生性别比失衡问题已达到相当严重的程度。如果以107为出生人口性别比上限警戒线，那么，我国出生人口性别比已跨越警戒线，这是一个极其危险的信号。如果任其畸形发展，必将带来两性、婚姻、性犯罪等方面的一系列社会问题，成为危及社会稳定的重要因素。

2. 答：

（1）人口的年龄分布是按年岁顺序排列和逐年变动的，因此人口年龄结构的各个组成部分存在着相互依存和相互制约的关系，并且有按相应的比例变动的规律性。

（2）正由于人口年龄分布是按年岁顺序排列和逐年变动的，因此它的变动显现出长周期性和阶段的对应性。这同人口生产存在着周期性和一定程度的循环性是一致的。

（3）人口年龄结构类型的转变同人口再生产类型的转变以及人口转变过程存在密切的内在的联系。在一定意义上说，人口年龄结构类型的转变取决于人口转变。随着人口发展从高出生、高死亡、低增长的阶段向高出生、低死亡、高增长的阶段过渡，人口年轻化并趋向年轻型人口年龄结构类型；而随着人口发展从高出生、低死亡、高增长的阶段向低出生、低死亡、低增长的阶段转变，人口经历成年化、老龄化并最终趋向年老型人口年龄结构类型。

3. 答：

（1）人口社会经济结构反映人口社会属性的各种质的规定性，是一定时期和一定地域的人口因素、社会因素，特别是经济因素的发展过程综合作用的结果。在起作用的各种因素中，经济因素是最重要的因素，社会生产力和相应的生产关系的辩证发展，归根到底对人口社会经济结构的形成和发展起决定性的作用。

（2）人口社会经济结构是一个历史范畴，随着人类社会经济的历史发展，它经历了一个由低级到高级，由简单到复杂的发展过程。而且，进入近代工业社会以后，人口社会经济结构已经日益多元化、复杂化和现代化。认识和了解社会经济结构必须根据社会发展规律去把握它的运动规律；同时，还必须根据不同历史时期的时代特征，来判断各种人口社会经济结构的地位与作用。

（3）作为人口结构的社会经济类型，人口社会经济结构表现为以社会经济特征来划分的不同部分的人口组成的比例关系，这种比例关系有其内在联系和变动规律。例如，人口产业结构的比例关系和变动规律，取决于社会生产力的发展水平和社会经济结构的变动。在自然经济和农业社会条件下，第一产业人口的比重无疑是占绝大多数，而第二产业和第三产业人口所占比重都很小；在建立市场经济和工业社会的过程中，第一产业人口比重大幅度下降，第二和第三产业人口比重上升，前者占据多数；进入金融经济和后工业社会以后，第一产业人口比重很小，第二产业人口比重也不占多数，第三产业人口比重最大，这是人口产业结构变动的客观规律。

第四章　人口的自然变动

考核内容

一、人口的出生

就其性质而言，人口变动包括人口的自然变动、迁移变动和社会变动。

人口的自然变动是指由出生与死亡所引起的人口数量的增减，以及人口性别与年龄结构变化的过程。

（一）出生人口数量与出生率水平

出生率是指一定时期（通常为一年）出生人数与同期平均人口数之比，通常以千分比来表示。

生育率是衡量生育水平的人口统计指标。它是指按一定性别、一定年龄计算的一定人群生育的活婴数。

通常用来反映全体育龄妇女生育水平的指标，是一般生育率（又称总生育率）。

（二）人口出生的强度和惯性

人口出生的数量有多有少，其出生率和生育水平也有高有低，这表明人口出生现象的变动具有一定的强度。与人口出生强度相关的是人口出生的惯性。人口出生惯性是指人口再生产自身运动过程中，有着保持原有增长状态的趋势，出生率或生育水平的升高或降低必须经过较长时期才能改变原有趋势。

（三）人口出生规模的决定因素

育龄妇女的数量、育龄妇女生育水平、育龄妇女的数量大小，共同决定生育水平的高低。

二、人口的死亡

（一）死亡人口数量与死亡率水平

死亡率是指一定时期里（通常为一年）死亡人口数和同期平均人口数之比，通常用千分比来表示。一般而言，死亡人口数量和人口死亡率对人口自然增长规模的作用，同出生人口数量和人口出生率的作用正好相反。

（二）婴儿死亡率的高低对人口自然增长的影响

1. 婴儿死亡率是指婴儿出生后周岁以内的死亡率，即未满周岁婴儿死亡数与活产婴儿数之比。它的高低不仅制约着人口自然增长的规模与速度，而且反映了相关地区的社会经济水平、医疗卫生水平、文化水平的高低和生活质量的好坏。

2. 婴儿死亡率的高低对人口自然增长有着重大影响。

3. 人口平均预期寿命的含义。

（三）人口死亡的原因

人口的死亡，造成一个生命的完结。一个社会或者一个地区大量人口的死亡原因，在战争或是严重的自然灾害的条件下无疑以非正常死亡为主，而在和平环境致死的则主要是各种疾病。

（四）影响死亡率的自然、社会经济因素

首先是自然生态因素。其次是经济因素。从宏观上看，最根本的是社会生产方式即生产力和生产关系的性质与发展水平。影响人口死亡率水平的非经济的社会因素，最显著的有三个：医疗卫生条件、婚姻关系、文化教育水平。

三、人口的自然增长

人口的自然变动，最终是以人口的自然增长表现出来的，它是人口出生与死亡两个相反的运动过程的综合表现。

（一）人口自然增长的类型

1. 高出生、高死亡、低人口自然增长型。

2. 高出生、低死亡、高人口自然增长型。

3. 低出生、低死亡、低人口自然增长型。

（二）影响人口自然增长的因素

1. 政策因素。

2. 婚姻因素。

3. 文化因素。

4. 社会经济因素。

（三）中国人口自然增长的状况

目前我国人口与计划生育工作的重点是稳定低生育水平，以防止和避免生育反弹。

四、人口发展的规律性

（一）人口规律的客观性

人口发展规律是指在人口发展过程中存在的普遍的、必然的内在联系。它具有不以人们的意志为转移的客观必然性。人口范畴具有生物属性，但更具有社会属性，它在本质上是个社会范畴。

（二）人口发展的一般规律

人口是一个普遍存在于各种社会生产方式下的客观现象。由于人口是一个具有许多规定性和关系的、丰富的总体，所以客观上存在许多人口规律，它们共同构成人口规律体系。这一规律体系完整地反映了人口发展过程中各个主要方面的联系和发展变化的趋势，从不同侧面反映了人口现象之间的本质联系。

普遍和具体，一般和特殊是对立统一的。具体规律和普遍规律是互为联系、互相依存的。

不同社会生产方式所共有的人口规律。它们又可分为两类：一类存在于一切社会生产方式中，反映存在于一切社会人口发展中的最本质的规律性；一类存在于几个不同的社会生产方式中，反映在这几个社会形态中都存在的人口发展过程的规律性。

（三）资本主义人口发展的特有规律

在资本主义剩余价值规律的作用下，资本主义人口增长的规律也就必然表现为相对过剩人口规律。从资本主义的根本制度来说，相对过剩人口的产生和存在是必然的，因而相对过剩人口就成为资本主义所特有的人口规律。

相对过剩人口不仅是资本主义生产方式的必然产物，而且是资本主义生产方式存在的一个条件。

（四）社会主义人口发展的特有规律

社会主义社会的诞生，使得资本主义生产方式所特有的相对过剩人口发展规律丧失了存在的经济基础，因而退出了历史舞台。随之而来的是受社会主义社会生产方式所决定的社会主义社会人口发展的特有规律。

社会主义人口发展是在社会主义基本经济规律影响下的人口有条件的发展。

重点和难点

本章是较为重要的，应掌握的知识点有：（1）人口的自然变动。（2）出生人口数量与出生率水平。（3）人口出生的强度和惯性。（4）人口出生规模的决定因素。（5）婴儿死亡率的高低对人口自然增长的影响。

(6) 人口死亡的原因。(7) 影响死亡率的自然、社会经济因素。(8) 人口自然增长的类型。(9) 影响人口自然增长的因素。(10) 人口规律的客观性。(11) 人口发展的一般规律。(12) 资本主义人口发展的特有规律。(13) 社会主义人口发展的特有规律。

同步综合练习

一、单项选择题

1. 人口再生产的自然基础是（　　）。

A. 人口自然变动　　B. 人口的出生

C. 人口的死亡　　D. 人口的规模

2. 一定时期（通常为一年）出生人数与同期平均人口数之比，就称为（　　）。

A. 人口生育率　　B. 人口出生率

C. 人口增长率　　D. 总和生育率

3. 国际上通用的育龄妇女的年龄界限为（　　）。

A. 16～49 岁　　B. 15～49 岁

C. 16～50 岁　　D. 15～50 岁

4. 如果总人口增长速度快于死亡人口增长速度，即使死亡人口数量增加了，人口死亡率也有可能（　　）。

A. 上升　　B. 不升不降

C. 下降　　D. 有升有降

5. 能反映社会经济是否发达、医疗卫生和文化水平高低、生活质量好差的具有标志性的死亡率是（　　）。

A. 性别死亡率　　B. 年龄死亡率

C. 职业死亡率　　D. 婴儿死亡率

6. 造成人口死亡的最主要原因是（　　）。

A. 战争　　B. 自然灾害

C. 各种意外事故　　D. 各种疾病

7. 母亲文化水平与婴儿死亡率成（　　）。

A. 正相关关系　　B. 正比例关系

C. 负相关关系　　D. 反比例关系

8. 人口的自然增长是人口出生与死亡两个相反的运动过程的（　　）。

A. 综合模式　　　　B. 综合表现
C. 增长类型　　　　D. 发展趋势

9. 人口的低出生、低死亡，必然是（　　）。
A. 高自然增长　　　　B. 低自然增长
C. 零自然增长　　　　D. 负自然增长

10. 影响人口自然增长的直接要素是（　　）。
A. 政策因素　　　　B. 婚姻因素
C. 文化教育因素　　　　D. 出生与死亡

11. 新中国成立起至 20 世纪 70 年代初，中国人口再生产属于（　　）。
A. 高出生、高死亡、低自然增长型
B. 高出生、低死亡、高自然增长型
C. 高出生、低死亡、高自然增长型的后期
D. 正向低出生、低死亡、低自然增长型转变

12. 人口规律在本质上属于（　　）。
A. 普遍规律　　　　B. 特殊规律
C. 自然规律　　　　D. 社会规律

13. 资本主义社会人口发展的特有规律是（　　）。
A. 人口发展无政府状态规律
B. 相对过剩人口规律
C. 人口生产及其类型转变规律
D. 人口三次产业结构转变规律

14. 社会主义人口发展的特有规律的基础是（　　）。
A. 社会主义基本经济规律
B. 社会主义国民经济有计划按比例发展规律
C. 社会主义社会生产方式
D. 社会主义经济的物质技术基础

二、多项选择题

1. 在一定的社会生产方式下，制约和影响人口的自然变动的社会因素有（　　）。
A. 经济因素　　　　B. 政治因素　　　　C. 文化因素
D. 人口规模　　　　E. 意识形态

2. 人口出生规模的决定性因素主要是（　　）。
A. 育龄妇女数量的多少

B. 育龄妇女生育水平的高低

C. 育龄妇女数量多而生育水平低

D. 育龄妇女数量少而生育水平高

E. 人口总量的规模

3. 下列属于特殊死亡率的是（　　）。

A. 总死亡率　　B. 性别死亡率　　C. 年龄死亡率

D. 职业死亡率　　E. 民族死亡率

4. 较高的婴儿死亡率对人口自然增长的影响主要有（　）。

A. 人口自然增长比较缓慢　　B. 伴随着高婴儿出生率

C. 人口再生产不协调　　D. 人口平均预期寿命缩短

E. 人口平均预期寿命延长

5. 影响死亡率变化的主要因素有（　）。

A. 自然生态因素　　B. 经济因素　　C. 医疗卫生条件

D. 婚姻关系　　E. 文化教育水平

6. 影响人口自然增长的间接因素主要有（　　）。

A. 出生、死亡与婚姻

B. 国家对生育的政策是鼓励还是限制

C. 婚姻的年龄和稳定程度

D. 文化教育程度

E. 社会经济发展水平

7. 一般规律与特殊规律的关系是（　）。

A. 两者是互为联系、互相依存的

B. 对立统一关系

C. 有了特殊规律，才有一般规律

D. 一般规律寓于特殊规律之中

E. 特殊规律是以一般规律的存在为条件的

8. 相对过剩人口是（　　）。

A. 资本主义人口发展的特有规律

B. 资本主义生产方式的必然产物

C. 资本积累引起资本有机构成提高的结果

D. 资本主义生产方式存在的一个条件

E. 社会化大生产的普遍规律

三、名词解释题

人口自然变动　人口出生率　生育率　总和生育率　人口死亡率　人

口平均预期寿命　人口规律

四、简答题

1. 为什么说育龄妇女的数量及其生育水平是人口出生规模的决定性因素？

2. 婴儿死亡率的高低对人口自然增长有哪些影响？

3. 人口自然增长有哪些类型？

4. 妇女文化教育程度的提高对促使生育率下降有哪些作用？

5. 如何从生物属性和社会属性两方面理解人口发展的一般规律？

6. 如何理解社会主义人口发展是在社会主义基本经济规律影响下的人口有条件的发展？

五、论述题

1. 分析影响人口死亡率的自然、社会经济因素。

2. 分析影响人口自然增长的因素。

3. 为什么说城市人口的生育水平低于农村是经济发展水平所致？

4. 为什么说相对过剩人口是资本主义生产方式的必然产物？

参考答案

一、单项选择题

1. A　2. B　3. B　4. C　5. D
6. D　7. C　8. B　9. B　10. D
11. B　12. D　13. B　14. C

二、多项选择题

1. ABCE　2. ABCD　3. BCDE　4. ABD　5. ABCDE
6. BCDE　7. ABDE　8. ABCD

三、名词解释题

人口自然变动：是指由出生与死亡所引起的人口数量的增减，以及人口性别与年龄结构变化的过程。人口的自然变动是人口再生产的自然基础，它对人口再生产的规模和速度有直接的、决定性的影响。

人口出生率：出生率是指一定时期（通常为一年）出生人数与同期平均人口数之比，通常以千分比来表示。

生育率：通常是指一定时期生育婴儿数和育龄妇女人数之比。生育率是衡量生育水平的人口统计指标。

总和生育率：育龄妇女如果按计算年度各年龄组妇女生育水平度过其

一生的生育过程，可能生育的孩子数。

人口死亡率：死亡率是指一定时期里（通常为一年）死亡人口数和同期平均人口数之比，通常用千分比来表示。

人口平均预期寿命：假定一个人按某一分年龄死亡率度过其生命的全过程，在活到某一年龄时，平均还能继续生存的年数。一般的情况是用出生时的平均预期寿命来进行比较分析。

人口规律：是指在人口发展过程中存在的普遍的、必然的内在联系。它具有不以人的意志为转移的客观必然性。

四、简答题

1. 答：

首先，从育龄妇女的数量来看，在生育水平一定的情况下，如果育龄妇女数量较大，人口出生的规模相应也较大；反之，如果育龄妇女数量较小，则人口出生规模相应较小。

其次，从育龄妇女生育水平来看，在育龄妇女数量一定的情况下，如果生育水平较高，则人口出生的规模相应较大；反之，如果生育水平较低，则人口出生规模较小。

最后，如果育龄妇女的数量较大，同时生育水平很高，则人口出生规模巨大；反之，如果育龄妇女的数量较小，而且生育水平较低，则人口出生规模很小。

2. 答：

首先，在一般情况下，婴儿死亡率较高，净增的新生人口就少，人口的自然增长就比较缓慢；反之，婴儿死亡率较低，净增的新生人口就较多，人口自然增长的速度就较快，规模就较大。

其次，一般来讲，死亡对出生可以产生“反馈”作用。在高婴儿死亡率的地区或时期，往往伴随着高婴儿出生率。

最后，婴儿死亡率的高低影响人口平均预期寿命的长短。高婴儿死亡率的地区，人口平均预期寿命就低，反之就高。

3. 答：

（1）高出生、高死亡、低人口自然增长型。（2）高出生、低死亡、高人口自然增长型。（3）低出生、低死亡、低人口自然增长型。

4. 答：

（1）妇女受教育水平越高，求学时间就越长，为此必然会推迟结婚，推迟生育。

（2）妇女受教育程度高，其事业和职业要求投入极大的精力和时间，就必然减少其自身用于生儿育女的精力和时间。

(3) 妇女文化水平高，容易接受计划生育政策的宣传，能够按政策的要求，安排自己的生育活动。这样，就表现为文化程度高的妇女，生育水平低；文化水平低的妇女，往往生育子女就多一些。

5. 答：

首先，人是生物的一部分，人口作为一个生物群体，有遗传、变异及各种生理机能。人口的这种生物属性影响着人口的数量和质量，是人口存在与发展的生物基础，如妇女生理上的生育能力、父母健康状况对子女的影响及社会上男女比例大体上的自然平衡等，这些都是生物人口的规律。

其次，人类的生存条件与增殖条件直接决定于一定社会生产方式下的社会机体，因此，作为人口自身发展过程的内在联系的人口规律，也不能离开一定的社会经济机体而存在和发生作用，即人口规律具有社会属性，它本质上属于社会规律。

6. 答：

(1) 社会主义人口发展，是与人口增长速度与国民经济发展水平和要求相适应的，在有利于不断提高社会主义经济的物质技术基础和最大限度满足社会的物质文化需要为前提的人口再生产过程。

(2) 社会主义人口发展，是在有计划地安排人口增长和有计划地培养和造就一支有高度社会主义觉悟的、掌握现代化科学技术的产业大军，实现劳动人口在高度技术基础上的合理使用和充分就业为基础的人口再生产过程。

(3) 社会主义人口发展，是以不断降低死亡率，不断提高人民健康卫生水平，增强体质和延长寿命，不断提高物质文化生活水平为特征的人口再生产过程。

(4) 社会主义人口发展，是以合理调整人口分布和人口密度，向着消灭三大差别，培养全面发展的共产主义新人为方向的人口再生产过程。

五、论述题

1. 答：

(1) 自然生态因素。死亡率作为人口自然变动的一种重要变量，无疑会受到自然生态因素的影响。自然生态环境的好坏如空气质量、气候变化等直接影响人们的身体健康状况，进而对人口死亡产生影响。

(2) 经济因素。从宏观上看，最根本的是社会生产方式即生产力和生产关系的性质与发展水平。人均国民生产总值或人均国民收入水平同死亡率的关系，并从历史经验得出如下结论：人均收入水平和死亡率水平通常呈反向关系，人均收入水平低则死亡率水平高；反之，人均收入水平高则死亡率水平低。

（3）医疗卫生条件。医疗卫生条件主要指医院等卫生机构的数目、医疗设施的现代化程度、医院床位数、医生和护理人员数等。一般说来，上述医疗卫生条件的好坏同死亡率水平的高低成负相关关系：上述条件好则死亡率较低；反之，其条件差则死亡率较高。

（4）婚姻家庭关系。大量资料证明，婚姻家庭关系恶劣，以及大龄未婚，离婚或丧偶的人口死亡率较高，一般高于婚姻家庭关系良好的人口的死亡率。

（5）文化水平。最明显的就是母亲文化水平对婴儿死亡率的影响，二者是负相关关系：母亲的文化水平越低往往婴儿死亡率越高，而母亲的文化水平越高则婴儿死亡率便越低。

2. 答：

出生、死亡与婚姻是影响人口自然变动的三大要素。其实，对于人口自然增长有直接影响的，就是出生与死亡，其他因素都只能视为间接因素。

（1）政策因素。国家对生育的政策，是鼓励生育还是限制生育，是提倡计划生育还是放任自流，这对人口的生育行为有一定的影响，众所周知，20 世纪 70 年代以来我国出生率的下降，与国家提倡以控制人口增长为目标的计划生育政策关系极大。

（2）婚姻因素。在一般情况下，婚姻是生育的前提，在我国非婚生育极少，婚姻对生育的影响更为显著。婚姻对生育的影响，主要来自于两个方面，一是婚姻的年龄，二是婚姻的稳定程度。就婚姻的稳定程度来看，一般来说离婚率和不婚率高的地方，生育水平低；而婚姻稳定程度高的地方，生育水平也高。

（3）文化因素。文化教育程度的提高有促使生育率下降的作用，主要是因为：第一，妇女受教育水平越高，求学时间就越长，为此必然会推迟结婚，推迟生育；第二，妇女受教育程度高，其事业和职业要求投入极大的精力和时间，就必然减少其自身用于生儿育女的精力和时间；第三，妇女文化水平高，容易接受计划生育政策的宣传，能够按政策的要求，安排自己的生育活动。这样，就表现为文化程度高的妇女，生育水平低；文化水平低的妇女，往往生育子女就多一些。

（4）社会经济因素。社会经济因素对人口的出生与生育具有很大影响，城市人口的生育水平低于农村，归根结底是经济发展水平所致。经济发展水平提高，将导致下述一系列变化。一是劳动力培养费用的变化。二是老有所养的变化。三是经济发展水平高时，劳动力本人的受教育和再学习所需时间长，精力消耗多，使之不得不晚婚、晚育、少育。

3. 答：

(1) 劳动力培养费用的变化。经济发展水平提高，培养一个儿童成为合格的劳动力，需要较多的投资，较长的培养周期，消费父母相当大的精力，其结果就是不允许，也不可能多育。在经济发展水平低的地区，如农村，劳动力培养费用低，从事劳动的年龄较早，投资不多，收入较大。而且随着子女数目的增加，投资费用逐步递减，因此多育现象普遍。

(2) 老有所养的变化。经济发展水平提高，劳动者年轻时的劳动支出足以支付丧失劳动能力之后的需要，在城市表现为退休金制度。经济发展水平低，劳动生产率低，劳动者年轻时的劳动支出，其节余部分不足以支付丧失劳动能力之后的耗费，不得不依赖其子女给予经济上的资助，这时多子女有可能使晚年生活富裕些。随着经济的发展，父母在年老时对子女的经济依赖逐步减轻，从而导致少育。

(3) 经济发展水平高时，劳动力本人的受教育和再学习所需时间长，精力消耗多，使之不得不晚婚、晚育、少育。一个人要上大学，再继续念研究生，势必把结婚、生育年龄推迟到近 30 岁的时候，生育期缩短了，生育旺期用于学习了，少育则成为必然。经济发展水平低，劳动多是简单劳动，不需要或稍加学习即可胜任，故有较多精力参与婚姻生育活动，导致多育。农村妇女婚龄、育龄比城市要低，而生育水平却较高，就是这个道理。

4. 答：

(1) 特殊的资本主义的生产方式随着资本积累而发展，资本积累又随着特殊的资本主义的生产方式而发展。这两种经济因素由于这种互相推动的复合关系，引起资本技术构成的变化，从而使资本的可变组成部分同不变组成部分相比越来越小。资本积累增进的速度和资本技术构成提高的速度是决定资本主义生产所需劳动力的两个因素。资本积累不仅会引起资本的技术构成的变化，而且发展到一定时候，资本技术构成的提高速度还会大于资本积累增进的速度。而当资本技术构成提高速度大于资本积累增进的速度时，资本主义生产所需劳动人口，就随资本积累的增进而递减。这样，也就必然要造成由于资本主义生产的发展，生产对劳动人口的需求因资本积累的增进而递减，这种趋势发展到一定阶段就必然会产生相对过剩的工人人口。因此，在资本主义剩余价值规律的作用下，资本主义人口增长的规律也就必然表现为相对过剩人口规律。

(2) 相对过剩人口不仅是资本主义生产方式的必然产物，而且是资本主义生产方式存在的一个条件。因此，资产阶级是绝对不会认真地采取措施，来消除相对过剩人口的存在。所以，相对过剩人口规律是资本主义社会特有的人口规律。

第五章　人口与经济发展及教育

考核内容

一、人口与经济发展之间的辩证关系

（一）人口与经济发展的一般辩证关系

1. 人口和经济发展之间存在互相影响与互相制约的辩证关系。

2. 在人口和经济发展的相互关系中，经济发展对人口发展起着决定性的影响。

3. 人口的发展水平对经济的发展方向与水平具有重要的影响与制约作用。

（二）经济发展对人口发展的客观影响

在对人口发展起决定性影响的各种社会经济条件里，最关键的是社会生产力的水平和性质以及与其相适应的生产关系。

1. 社会经济对人口自然变动的决定性影响。

2. 从人口发展的基本趋势来看，人口自然增长率同经济的发达程度呈反比关系。

3. 社会经济对人口迁移变动的决定性影响。

4. 社会经济对人口社会结构变动的决定性影响。

（三）人口发展对经济发展的影响

1. 人口（劳动力人口）对生产的影响。

2. 人口对收入分配、资金积累和投资的影响。

3. 人口对交换、消费和生活水平的影响。

二、人口的数量与质量

（一）人口的数量与质量的内涵

人口是数量与质量统一的社会群体。人口数量是指人口群体的绝对量和相对量。人口质量是指人口群体质的规定性，分为狭义的人口质量和广义的人口质量。

人口质量主要包括以下具体内容：第一，身体素质。第二，科学文化

素质与劳动技能素质。第三，思想道德素质。

（二）人口质量的测量指标

狭义的人口质量用七个指标衡量，包括人口特征、劳动力特征、就业水平、失业、教育结构、生活质量以及劳动者态度。广义的人口质量用人口的地区结构、城乡结构、人口产业结构、人口职业结构、人口流动结构五个指标进行衡量。

（三）人口数量与人口质量之间的关系

人口数量与人口质量的辩证统一关系，是人口的基本关系。人口数量与人口质量是互为条件、互相依赖而存在的。第一，人口数量与人口质量相互促进。第二，人口数量与人口质量互相制约。第三，人口数量与人口质量存在替代转换关系。

三、教育与人口

（一）教育与人口的关系

1. 发展教育事业有利于提高人口的素质。

2. 发展教育事业有利于控制人口数量。

（二）中国教育发展和改革的基本现状与方向

1. 中国教育发展与改革——教育的持续快速发展。（1）注重各级各类教育的协调发展。（2）教育发展与社会发展相协调。（3）推进教育公平。

2. 中国教育改革的方向。（1）树立全面、协调和可持续的教育发展观。（2）全面实施素质教育，促进能力建设。

重点和难点

本章是重点章，主要掌握的知识点有：（1）人口与经济发展的一般辩证关系。（2）经济发展对人口发展的客观影响。（3）人口发展对经济发展的影响。（4）人口的数量与质量的内涵。（5）人口质量的测量指标。（6）人口数量与人口质量之间的关系。（7）教育与人口的关系。（8）中国教育发展和改革的基本现状与方向。

同步综合练习

一、单项选择题

1. 下列观点不符合人口与经济发展的一般辩证关系的是（　　）。

A. 人口与经济发展之间存在互相影响互相制约的关系

B. 人口发展对经济发展起着决定性的影响

C. 人口对经济的发展方向与水平具有重要的影响与制约作用

D. 经济发展对人口发展起着决定性的影响

2. 决定人口存在和增殖的基础是（　　）。

A. 自然规律　　B. 社会规律

C. 社会经济条件　　D. 客观环境

3. 下面观点不符合人口发展对经济发展方向与水平的作用的是（　　）。

A. 人口变动既能促进也能延缓社会经济的发展

B. 人口是经济活动的主体

C. 人口是生产力的要素和生产关系的体现者

D. 人口是生产者、消费者、生育者的对立

4. 在对人口发展起着决定性影响的各种社会经济条件中，最为关键的条件是（　　）。

A. 社会生产力水平和性质以及与其相适应的生产关系

B. 社会经济制度

C. 人口政策的制定与执行

D. 人口的数量与质量

5. 从人口发展的基本趋势来看，人口自然增长率同经济的发达程度的关系是（　　）。

A. 等比例关系　　B. 正比关系

C. 反比关系　　D. 正方向变化

6. 人口的生育率、死亡率与人口的经济地位、收入和生活水平呈现的关系是（　　）。

A. 正比例关系　　B. 反比例关系

C. 正相关关系　　D. 负相关关系

7. 社会经济对人口社会结构变动起着决定性影响，下列不属于此观点的是（　　）。

A. 社会经济决定人口社会结构的性质与内容

B. 社会经济决定人口社会结构变动与发展趋势

C. 社会经济制度变革是人口社会结构变动最重要的原因

D. 人口社会结构变动一般后于社会经济发展变动

8. 人均国民收入与人口数量成（　　）。

A. 负相关变动　　B. 正相关变动
C. 等比例变动　　D. 反比例变动

9. 下列各项指标不属于狭义人口质量衡量指标的是（　）。
A. 人口与劳动力特征　　B. 人口生育率
C. 就业与失业水平　　D. 人口生活质量

二、多项选择题

1. 在人口与经济发展的互相关系中，经济发展对人口发展的作用主要体现在（　）。
A. 经济发展是人口变动与发展的结果
B. 人口必须在一定的社会关系下存在
C. 经济发展决定了人口自然变动与社会变动
D. 人口规律必然要体现特定的社会关系
E. 经济越发达则人口的自然增长率越高

2. 下列各项观点符合经济发展对人口发展的客观影响的有（　）。
A. 社会经济对人口自然变动起决定性的影响
B. 经济越发达则人口的自然增长率越高
C. 社会生产力水平和生产力分布决定了人口分布及其发展趋势
D. 在较低发展阶段人口迁移的方向是生产资料比较富有的地区
E. 社会经济对人口的社会结构变动有决定性的影响

3. 下列各项观点，对人口发展对经济发展的影响理解正确的是（　）。
A. 劳动力人口是总人口中最具生产性的部分
B. 人口的增长要超越社会生产的增长
C. 人口对收入、资金积累和投资具有重要的影响
D. 人口对交换、消费和生活水平具有重要的影响
E. 人口的分布必须符合劳动力的合理分布

4. 人口质量有广义与狭义之分，狭义的人口质量主要内容包括（　）。
A. 身体素质　　B. 人口流动质量　　C. 劳动技能素质
D. 科学文化素质　　E. 思想道德素质

5. 人口质量有广义与狭义之分，广义的人口质量的主要内容包括（　）。
A. 人口规模　　B. 人口城乡结构　　C. 人口的年龄结构
D. 人口的就业结构　　E. 人口流动质量

6. 下列各项指标属于广义人口质量衡量指标的是（　　）。

A. 人口地区结构　　B. 人口城乡结构　　C. 人口产业结构

D. 人口职业结构　　E. 人口流动结构

7. 下列各项对人口数量与质量之间的关系理解正确的有（　）。

A. 人口的数量与质量互为条件、互相依赖而存在

B. 人口的再生产是人口数量再生产与人口质量再生产的统一

C. 人口数量与人口质量互相促进

D. 人口数量与人口质量互相制约

E. 人口数量对人口质量不存在替代转化关系

8. 下列属于思想道德素质范畴的是（　　）。

A. 世界观　　B. 思想品质　　C. 道德观念

D. 劳动态度　　E. 社会化程度

三、名词解释题

狭义的人口质量　广义的人口质量　身体素质　科学文化素质　劳动技能素质　思想道德素质

四、简答题

1. 经济发展对人口发展起着哪些决定性的影响？

2. 简述人口发展水平对经济的发展方向与水平所具有的重要的影响与制约作用。

3. 社会经济对人口迁移变动起着哪些决定性影响？

4. 社会经济对人口社会结构变动有哪些决定性影响？

5. 人口质量包括哪些主要内容？

6. 简述人口数量与质量之间的关系。

7. 简述中国教育发展和改革的基本现状与方向。

五、论述题

1. 分析人口与经济发展的一般辩证关系。

2. 论述经济发展对人口发展的客观影响。

3. 分析人口（劳动力人口）对生产发展的影响。

4. 分析教育与人口的关系。

参考答案

一、单项选择题

1. B　　2. C　　3. D　　4. A　　5. C

6. D　　7. D　　8. A　　9. B

二、多项选择题

1. BCD　2. ACE　3. ACDE　4. ACDE　5. ABCDE

6. ABCDE　7. ABCD　8. ABCE

三、名词解释题

狭义的人口质量：是指微观个体基本素质的总称，包括身体素质、科学文化素质、劳动技能素质与思想道德素质等主要内容。

广义的人口质量：是指宏观人口结构素质的总和，包括人口规模、年龄与性别结构、地区结构、城乡结构、产业结构、就业结构、人力资源流动质量以及人力资本存量等主要内容。

身体素质：是指人口群体的身体健康水平及大脑的机能状况。包括生理功能的正常运转、体力和精力的强度、对疾病的抵抗能力、寿命等。身体素质是人口质量的自然基础和物质承担者，是构成微观人口素质的最基本内容。

科学文化素质：是指一个国家居民平均受普通教育与职业教育的基本情况。

劳动技能素质：是指人类在认识和改造世界的过程中长期积累的认识和改造世界的能力。

思想道德素质：是指人口的思想意识形态及其实践，包括世界观、人生观、思想品质、道德观念、社会化程度等。思想道德素质是人口质量的灵魂，思想道德素质是一种主观能动性。

四、简答题

1. 答：

(1) 经济发展是人口变动与发展的前提。社会经济条件是决定人口存在和增殖的基础，没有一定的经济条件，人口不能存在，也不可能有所发展。

(2) 人是社会化的个体，它只能生活在由一定社会生产方式决定的社会关系中，而不能孤立的存在，任何人都不能与社会经济生活不发生任何关系而独立存在。

(3) 社会经济发展水平决定了人口自然变动与社会变动的社会因素与生理因素的变化，人口数量、质量与结构的一切变化均归根于社会经济发展水平的变化，人口的任何变动都反映了经济发展的客观要求。

(4) 人口发展受一定的人口规律支配，而一定的人口规律必然要体现特定的社会生产关系的内容、性质与特点。同时，人口规律的作用范围也受社会的基本经济规律支配。

2. 答：

(1) 人口是社会经济活动的主体，没有一定数量与质量的人口，社会经济活动不可能存在。人口是社会经济活动的必要条件和主体，社会生产方式的存在与任何变革都是通过人口这一群体的活动实现的。只有将人口看成是社会经济活动的主体，才能深入地理解人口和社会经济发展之间的辩证关系。

(2) 人口是经济发展的主导。人口是劳动力的源泉，一定数量与质量的人口是社会经济发展的根本前提，生产、流通、分配、消费等社会经济的各个环节，都离不开一定的人口。生产力是社会发展的决定性因素，劳动者作为生产力中最活跃的因素，是社会经济发展的主导力量。

(3) 人口是生产者、消费者、生育者的统一，人口身份变化对社会经济发展具有深远的影响。人首先是一个消费者，消费一定数量与质量的物质与精神资料是人口再生产和财富再生产的前提；人同时是一个生产者，社会性劳动所生产出的社会物质资料数量与质量制约消费水平与人口再生产水平；人也是一个重要的生育者，作为人口再生产的唯一主体，生育人口的数量与质量决定了社会经济中生产者与消费者的数量与质量。

3. 答：

(1) 人口分布及其发展趋势，取决于社会生产力水平和生产力的分布。人口分布的发展趋势是分散还是集中，人口密度是高是低，一般地取决于社会经济发展状况，尤其是生产力发展状况。

(2) 人口迁移变动同一定生产力发展水平下获得生活资料的难易程度和方式有关。外界自然条件在经济上可以分为两大类：生活资料的自然资源和生产资料的自然资源。在较低的发展阶段，第一类资源富有的地区是人口迁移选择的主要目标；而在发展的较高阶段，第二类资源富有的地区是人口迁移选择的主要目标。

(3) 人口流动的流向和流量，归根到底也取决于社会经济。从人口在地区间的横向流动来看，无论是从乡村流向城市，或者从人口密度较高的发达地区流向人口密度较低的欠发达地区，最终取决于一定的社会经济条件和经济利益。从人口在社会阶梯的直向流动来看，人才流动特别是由低的职位向高的职位流动，更明显地取决于一定的社会经济条件和经济利益。

4. 答：

(1) 人口社会结构的性质与内容归根到底取决于社会经济。一国的人口社会结构体现它所具有的各种社会关系，每种结构从不同的方面反映了人口的社会属性、社会特征以及人口内部的比例关系，这些人口社会结构的形式、质的规定性和量的比例关系，无不直接或间接地取决于社会经济。

(2) 人口社会结构变动和发展的基本趋势也取决于社会经济。从人口发展史来看，人口社会结构变动和发展的基本趋势是从低级到高级、由简单到复杂。这个发展过程受社会经济发展过程的制约。在一定意义上，人口社会结构变动是经济条件、社会经济结构变动的结果，特别是生产力发展状况和相应的社会经济制度变动的结果。

(3) 社会经济制度变革是人口社会结构急剧变动最重要的原因。在不同的历史时期，社会经济制度的变革使经济结构急剧变化，从而，导致人口社会经济结构急剧变化，最明显的是人口阶级结构的变化，随着旧的社会经济制度被新的社会经济制度所取代，旧的人口阶级结构便被新的人口阶级结构所代替。

5. 答：

(1) 身体素质。身体素质是指人口群体的身体健康水平及大脑的机能状况。身体健康水平包括生理功能的正常运转、体力和精力的强度、对疾病的抵抗能力、寿命等。

(2) 科学文化素质与劳动技能素质。科学文化素质是指一个国家居民平均受普通教育与职业教育的基本情况，劳动技能素质是指人类在认识和改造世界过程中长期积累的认识和改造世界的能力。科学文化素质与劳动技能素质是人口质量中最核心的内容，文化与劳动技能素质是促进社会经济全面发展的动力，是人口质量的关键因素。

(3) 思想道德素质。思想道德素质是指人口的思想意识形态及其实践，包括世界观、人生观、思想品质、道德观念、社会化程度等。思想道德素质是人口质量的灵魂，思想道德素质是一种主观能动性。思想道德素质是人口社会属性的重要表现，是人口质量的重要特征和内容。

6. 答：

(1) 人口数量与人口质量相互促进。一定的人口数量是人口质量提高的前提。一方面，一定的人口数量和人口密度，是社会内部分工的物质前提，为商品交换和商品生产发展创造了客观条件，从而推动社会生产力的发展，促进人口质量的提高；另一方面，它使体力劳动和脑力劳动的分离成为可能，而体力劳动与脑力劳动的分离，正是人类历史上科学文化发展和人口质量提高的必要条件。在一定的历史条件下，人口质量也促进了人口数量的增长。人口质量的提高推动了生产力的发展，提高了人们的生活水平，发展了医疗卫生事业，人口死亡率下降，平均预期寿命延长，从而促进人口数量的增长。

(2) 人口数量与人口质量互相制约。人口数量过多或过少，都不利于人口质量的提高。人口数量过少，就不能满足经济以及社会各部门发展的需要，不利于社会经济的发展，从而影响人口质量的提高。人口数量过速增长也会制约人口质量的提高。

(3) 人口数量与质量存在替代转换关系。人口数量与人口质量是辩证统一的，它们之间可以相互转化，这种转化表现为人口数量与人口质量的替代转换关系。人口数量与人口质量的替代转换是一个渐进的过程。这种替代转换的物质基础是社会生产力的发展、社会的进步，近现代生产力的革命是其显著标志。

7. 答：

(1) 中国教育发展的现状：教育的持续快速发展

第一，注重各级各类教育的协调发展。义务教育和非义务教育，基础教育和专业教育等各级各类教育只有协调发展，才能实现整个社会教育事业的持续、快速发展。否则，就必然会出现教育发展的不平衡。

第二，教育发展与社会发展相协调。教育发展必须适应和服务于经济社会的发展，实现教育发展的规模、结构、质量和效益的内在统一。教育发展必须与经济社会发展相适应，尤其是高等教育和职业教育，必须始终把为经济和社会发展服务摆在重要位置。

第三，推进教育公平。一方面推进义务教育的公平，另一方面保障进城务工就业的农民工子女接受义务教育。

(2) 中国教育改革的方向

实现教育的持续、快速发展，注重各级各类教育的协调发展，不断推进教育体制创新。教育发展必须适应和服务于经济社会的发展，实现教育发展的规模、结构、质量和效益的内在统一。

第一，树立全面、协调和可持续的教育发展观。要促进各级各类教育的持续、健康、协调、快速发展，正确处理教育内部的各种关系，要考虑社会经济发展和人民群众对教育的要求；也要考虑教育自身的发展需要，还要考虑教育与经济社会的协调发展。要树立全面、协调和可持续的教育发展观，发挥教育促进就业的作用，必须根据中国国情、经济发展阶段以及产业结构发展趋势，进一步调整和优化教育结构。

第二，全面实施素质教育，促进能力建设。自 20 世纪 80 年代中期开始中国在各个教育领域推行素质教育，强调素质教育的重点是培养学生的创新能力和实践能力。把能力建设提到国家战略的层面，由国家规划和统筹能力建设，制定各种人才和各种职业（岗位）的能力标准。

五、论述题

1. 答：

（1）人口和经济发展之间存在互相影响与互相制约的辩证关系

人口和经济发展互相影响，主要表现在两个方面：第一，社会经济发展通过生产、分配、交换和消费等各个环节，直接或间接影响着人口规模变动、人口质量变动与人口结构变动的方向与水平。第二，人口是生产力和消费力的统一体，是生产力的要素和生产关系的承担者。作为生产者，人口为社会经济发展提供必需的劳动力生产要素，人口的数量、质量与结构直接影响劳动要素的供给规模与水平。

人口和经济发展互相制约。社会经济发展水平、生产力发展水平和社会生产关系，制约着人口再生产的规模与速度、人口类型转变的方向与速度，以及人口素质结构与人口自然结构的调整；劳动力是经济发展的第一要素，人口作为劳动力的唯一源泉，它的数量、质量与结构直接决定着社会经济发展的模式选择与经济增长的速度和水平。

（2）在人口和经济发展的相互关系中，经济发展对人口发展起着决定性的影响

第一，经济发展是人口变动与发展的前提。社会经济条件是决定人口存在和增殖的基础，没有一定的经济条件，人口不能存在，也不可能有所发展。第二，人是社会化的个体，它只能生活在由一定社会生产方式决定的社会关系中，而不能孤立地存在，任何人都不能与社会经济生活不发生任何关系而独立存在。第三，社会经济发展水平决定了人口自然变动与社会变动的社会因素与生理因素的变化，人口数量、质量与结构的一切变化均归根于社会经济发展水平的变化，人口的任何变动反映了经济发展的客观要求。第四，人口发展受一定的人口规律支配，而一定的人口规律必然要体现特定的社会生产关系的内容、性质与特点。同时，人口规律的作用范围也受社会的基本经济规律支配。

（3）人口的发展水平对经济的发展方向与水平具有重要的影响与制约作用

第一，人口是社会经济活动的主体，没有一定数量与质量的人口，社会经济活动不可能存在。人口是社会经济活动的必要条件和主体，社会生产方式的存在与任何变革都是通过人口这一群体的活动实现的。

第二，人口是经济发展的主导。人口是劳动力的源泉，一定数量与质量的人口是社会经济发展的根本前提，社会经济的各个环节，都离不开一定的人口。生产力是社会发展的决定性因素，劳动者作为生产力中最活跃的因素，是社会经济发展的主导力量。

第三，人口是生产者、消费者、生育者的统一，人口身份变化对社会经济发展具有深远的影响。人首先是一个消费者，消费一定数量与质量的物质与精神资料是人口再生产和财富再生产的前提；人同时是一个生产者，社会性劳动所生产出的社会物质资料数量与质量制约消费水平与人口再生产水平；人也是一个重要的生育者，作为人口再生产的唯一主体，生育人口的数量与质量决定了社会经济中生产者与消费者的数量与质量。

2. 答：

(1) 社会经济对人口自然变动的决定性影响

人口的出生和死亡是一种自然的生理现象，同时也是在一定社会关系中发生的社会行为。生产力和生产方式对人口自然变动起着决定性的影响。生产方式决定了人口再生产的速度、规模和类型，也决定了人口自然变动的基本趋势。社会经济对人口自然变动的决定性影响，具体表现在不同的社会经济条件出现差别生育率。不同阶级、不同阶层、不同社会集团和不同职业的人口因所处社会经济地位和生活条件不同，经常出现不同的生育率。一般来说，近代社会各个阶级、阶层或社会集团的生育率，往往同他们的社会经济地位、条件和生活状况成负相关关系。

(2) 从人口发展的基本趋势来看，人口自然增长率同经济的发达程度成反比关系

生产力发展水平越高，生活质量指标越高，出生率和死亡率就越低，人口自然增长率也越低。从经济发达程度来看，经济愈发达的地区，出生率、死亡率和自然增长率愈低。发达地区和不发达地区人口自然增长率的差异，实质上是人口出生率、死亡率和自然增长率等指标在社会经济发展不同阶段的不同表现。人口自然变动和人口发展基本趋势，归根到底是由社会经济决定的。

(3) 社会经济对人口迁移变动的决定性影响

自然环境只是人口分布和迁移变动的自然基础，社会经济发展才是最终决定人口分布和迁移变动的社会因素。以生产力水平、人均收入水平和物质生活方式为标志的社会经济发展水平对人口迁移变动起着决定性的影响。人口迁移的动因、能力、地区的选择，最终取决于一定的社会经济条件。首先，人口分布及其发展趋势，取决于社会生产力水平和生产力的分

布。其次，人口迁移变动同一定生产力发展水平下获得生活资料的难易程度和方式有关。最后，人口流动的流向和流量，归根到底也取决于社会经济。从人口在地区间的横向流动来看，无论是从乡村流向城市，最终取决于一定的社会经济条件和经济利益。

(4) 社会经济对人口社会结构变动的决定性影响

社会经济对人口社会结构变动的决定性影响更为明显，主要表现在三个方面：首先，人口社会结构的性质与内容归根到底取决于社会经济。其次，人口社会结构变动和发展的基本趋势也取决于社会经济。最后，社会经济制度变革是人口社会结构急剧变动最重要的原因。

3. 答：

(1) 一定数量和密度的人口的存在是人类历史的开端，也是社会生产和经济发展的开端。人类的社会生产，最初是随着人口的存在与增长而存在和发展的。生产资料只有和劳动力相结合才能成为现实的生产力，劳动力的源泉是人口，是具有一定数量、密度、素质、结构的人口，可供支配的劳动力数量归根到底是由人口自然增长提供的。

(2) 人口增长在一定意义上要同社会生产的增长成比例，同时人口增长必然要求社会生产能提供更多必要的生活资料。一方面，人口增长要同社会生产相适应，不能超越一定的社会生产所能承担的人口容量；另一方面，社会生产也要适应人口增长而增长，使生产规模相应扩大，否则将面临日益增大的人口压力。社会生产的增长使人口增长获得必要的客观条件，而人口增长则对社会生产的增长提出客观需要。

(3) 人口的数量、素质和结构在一定的生产条件下对提高劳动生产率有极为重要的作用。而一定数量和素质的劳动力人口，不仅对通过分工、协作来提高劳动生产率是必要的条件，而且对发展机械化、现代化大生产来提高劳动生产率也是必要的。必须有足够数量的劳动力人口，才能满足机械化大生产极其复杂的专业分工的需要，才能有必要的人力从事科学技术的研究、设计和发明创造，从而促使劳动生产率不断提高。

(4) 人口的自然结构、地域结构和社会结构在不同程度上影响生产和经济发展。作为生产者的劳动年龄人口，必然受人口的年龄和性别结构的制约；一个地区的男女性别比例，就有可能对该地区的经济结构特别是部门结构和职业结构产生影响。人口的地域结构特别是城乡结构，也会影响经济结构的形成。人口的社会结构特别是文化教育结构，无疑也会对社会经济结构产生影响。

(5) 人口分布和人口迁移流动对生产和经济发展具有不容忽视的影

响。在一定的生产条件下，人口的合理分布反过来也能够促进生产力的合理分布。同时，人口由已开发的人口密度高的地区迁移到未开发的人口密度低的地区，是开发经济落后地区的重要前提。然而，大量有技术的劳动力人口的外流，往往又成为迁出地区生产和经济停滞的一个重要原因。总之，一定数量、素质、结构、分布及密度的人口，是物质生产与经济发展的必要条件，它的增长和变动会促进或者延缓物质生产和社会经济的发展。

4. 答：

(1) 发展教育事业有利于提高人口的素质

教育的根本任务是提高受教育者的素质与技能，教育可以提升人口的科学文化素质、劳动技能与思想道德素质，可以提高人口生产与再生产的质量。一个国家、地区教育的整体规模、结构与水平不仅决定了该国、该地区人口劳动力供给的整体质量与结构，同时也影响人口生产与再生产的质量。教育是人口质量提升的决定因素与根本途径，提高教育的供给水平与供给效率是一国经济持续发展的根本要求，尤其是进入知识经济时代，转变传统教育观念，进行素质教育改革，提高人口的受教育程度与水平，是人口价值提升的客观要求。

(2) 发展教育事业有利于控制人口数量

这是因为育龄妇女的文化程度高，往往会推迟初婚和初育年龄，并比较容易克服“传宗接代”等封建残余思想的影响和掌握科学的节育方法；往往家庭地位与社会地位比较高的妇女，在生育决策上有更多自主权，并倾向于在一生中少生孩子。同时，她们为了能在业余时间使自己多进修提高和指导子女取得优良成绩，也希望少生孩子。可见，在中国大力发展教育事业，不仅有利于提高人口素质，而且也有利于控制人口数量。

第六章 人力资源概述

考核内容

一、什么是人力资源

（一）人力资源的内涵

人力资源是指能够推动整个经济和社会发展的具有智力劳动和体力劳动能力的人们的总称。或者说是指一个国家或地区范围内具有劳动能力的人的总称。它包括数量和质量两个指标。

1. 人力资源与人口资源

人口总体包括生产者人口和消费者人口两部分。作为“资源”的人口主要是生产者人口，即适龄劳动人口，更直接的是其中的经济活动人口。

人口资源主要表现的是一个数量观念，它是指一个国家或地区的人口总体。一个人从出生到死亡的整个生命存续时期，都可以看做是人口资源的有机组成部分。人口资源是一个最基本的基数，它是人力资源、劳动资源的基础。

2. 人力资源与劳动力资源

劳动力的定义是把劳动力或劳动能力理解为活的人体中存在的、在生产劳动过程中所运用的体力和智力的总和。在这种规定下，劳动力与人力资源并无实质上的差别。但是从“人力资源”被正式提出的时代背景及其被赋予的特定含义来看，却并不是指传统意义上的劳动能力，而是更注重和强调经过投资开发、“提炼加工”过的被称为“人力资本”的那种较高质量的劳动力。

3. 人力资源与人才资源

人力资源与人才资源的区别，主要是质量层次划分上的差别。如果说传统意义上的劳动力是比较初级的人力资源的话，那么人才资源就是比较高级的人力资源。

4. 人力资源与人力资本

所谓人力资本，一般是指通过各种形式的投资而提高了人的素质和技能。广义地看，人力资本包括多种形式的投资结果。

5. 企业人力资源的新概念

（1）企业人力资源的含义。

（2）企业人力资源的类型分类

（二）人力资源的外延

从广义来看，适龄就业人口、未成年就业人口和老年就业人口就是人力资源。具体包括八个部分。

二、人力资源的特征

（一）人力资源的能动性和创造性

人力资源不仅是开发的客体和对象，而且是自我开发的主体和动力。与其他资源相比较，人力资源具有目的性、主观能动性、社会意识性和可激励性。

人力资源的能动性表现在三个方面：（1）自我强化。（2）选择职业。（3）积极劳动。

（二）人力资源的形成是人们社会劳动和生命过程的结果

人力资源形成是人们社会劳动和生命过程的结果，它的使用就是人生命活动的过程。

（三）人力资源的再生性和可塑性

人力资源具有再生性，体现在以下几个方面：（1）人口的再生产。（2）劳动力的再生产。（3）劳动能力的再生产。

（四）人力资源的持续性和时代性

详情略。

（五）人力资源的时效性和无限性

详情略。

（六）人力资源的流动性和共用性

详情略。

（七）人力资源的个体性和社会性

详情略。

（八）人力资源的进步性和发展性

详情略。

三、人力资源的地位和作用

（一）人力资源的地位

人力资源是各种资源中最重要的资源，人是社会的主体内容，是所有资源中的核心和主导力量。

分析得出的结论：第一，在知识经济下，经济发展主要消耗的是人力资源，尤其是人的智力；第二，在知识经济下，资本与劳动再次结合，主要是指人力资本与劳动者的结合，相反，劳动者对非人力资本的依赖程度弱化。

对人力资源的正确认识：第一，人力资源是国民经济的特殊资源；第二，人力资源是稀缺性资源；第三，由人力资源的特殊性、稀缺性所决定，人力资源是重要的宝贵资产，是财富；第四，人力资源需要开发，而且开发具有投资的连续性。

（二）人力资源在国民经济中的作用

1. 人力资源作为国民经济的根本性要素，是构成社会经济运动的基本前提。

2. 人力资源能够推动物质资源，自动适应物质资源，利用国民经济资源。

3. 人力资源是国民经济增长的主要潜力。

重点和难点

本章是重点，应掌握的知识点有：（1）人力资源、人口资源、人力资本、人才资源和企业人力资源的含义。（2）人力资源的外延。（3）人力资源的特征。（4）人力资源的地位。（5）人力资源在国民经济中的作用。

同步综合练习

一、单项选择题

1. 人口资源是指（　　）。

A. 总人口　　B. 劳动适龄人口

C. 求业人口　　D. 就业人口

2. 人力资本含量成为衡量人力资源质量层次的（　　）。

A. 内在决定因素　　B. 外在决定因素

C. 重要条件　　D. 标志

3. 人力资源与人才资源的区别主要是（　　）。

A. 数量上的差别　　B. 质量上的差别

C. 结构上的差别　　D. 比例上的差别

4. 人力资本指的是（　　）。

A. 人口的数量与质量　　B. 人口的劳动能力
C. 人的质量层次　　D. 人的素质和技能

5. 企业人力资源的突出特征是企业对人力资源的（　　）。
A. 所有权　　B. 开发权
C. 使用权　　D. 分配权

6. 人的能力的一个最显著特点是（　　）。
A. 目的性　　B. 主动性
C. 创造性　　D. 再生性

7. 知识能否转化为经济价值，取决于（　　）。
A. 知识生产力的转化率　　B. 劳动者掌握知识水平的高低
C. 人的主观能动性　　D. 尊重知识的客观环境

8. 从知识转化经济价值过程来看，人力资源成为知识实现经济价值的（　　）。
A. 主体　　B. 客体
C. 载体　　D. 基础

9. 在知识经济下，经济发展主要消耗的是（　　）。
A. 物质资源　　B. 资本资源
C. 人力资源　　D. 信息资源

10. 人力资源是构成社会经济运动的（　　）。
A. 主要内容　　B. 基本前提
C. 物质条件　　D. 基本载体

二、多项选择题

1. 人力资本的基本构成要素（　　）。
A. 健康　　B. 知识　　C. 技能
D. 能力　　E. 投资

2. 世界银行 2000 年发表的《增长的质量》提出了新的发展分析框架，将影响增长和福利的要素分为三类，分别是（　　）。
A. 人力资本　　B. 知识资本　　C. 物质资本
D. 财力资本　　E. 自然资本

3. 按照企业活动的性质可以将企业人力资源的类型分为（　　）。
A. 企业所属的签订劳动合同的员工的创造力
B. 为企业提供产品或服务的供应方员工的创造力
C. 接受企业产品或服务的顾客的创造力
D. 企业经营决策的经营者的创造力

E. 企业管理者的创造力

4. 下列属于直接的、已经开发的人力资源的是（　　）。

A. 适龄就业人口　　B. 未成年就业人口

C. 老年就业人口　　D. 求业人口

E. 就学人口

5. 人力资源是（　　）。

A. 开发的主体　　B. 开发的对象

C. 开发的条件　　D. 自我开发的主体

E. 自我开发的动力

6. 与其他资源相比较，人力资源具有（　　）。

A. 目的性　　B. 主观能动性

C. 社会意识性　　D. 可激励性

E. 可开发性

7. 人力资源是国民经济的特殊资源缘于（　　）。

A. 它是生产力要素中唯一的能动的主体要素

B. 它是现代经济增长的内生要素

C. 它既可以创造价值，又可以增加价值

D. 它的形成是人们社会劳动和生命过程的结果

E. 它既是开发的客体和对象，又是自我开发的主体和动力

8. 人力资源在国民经济中的作用在于（　　）。

A. 它是国民经济的根本要素

B. 它是构成社会经济运动的基本前提

C. 它能够自动适应和推动物质资源

D. 它是国民经济增长的主要潜力

E. 它是所有资源中的核心和主导力量

三、名词解释题

人力资源　人口资源　人才资源　人力资本　企业人力资源

四、简答题

1. 人力资源与人口资源有何区别？

2. 如何理解人力资本的内涵？

3. 从人力资源的外延来看，人力资源有哪些构成？

4. 人力资源有哪些主要特征？

5. 人力资源的能动性表现在哪些方面？

6. 人力资源的再生性体现在哪些方面？

7. 为什么说人力资源是国民经济的特殊资源？

8. 为什么说人力资源是稀缺性资源？

五、论述题

1. 如何理解人力资源的个体性和社会性？

2. 应如何正确地认识人力资源的地位？

3. 分析人力资源在国民经济中的作用。

参考答案

一、单项选择题

1. B　2. A　3. B　4. D　5. C

6. C　7. A　8. C　9. C　10. B

二、多项选择题

1. ABC　2. ACE　3. ABC　4. ABCD　5. ABDE

6. ABCD　7. ABC　8. ABCDE

三、名词解释题

人力资源：是指能够推动整个经济和社会发展的具有智力劳动和体力劳动能力的人们的总称。或者说是指一个国家或地区范围内具有劳动能力的人的总称。它包括数量和质量两个指标。

人口资源：主要是指生产者人口，即适龄劳动人口，更直接的是其中的经济活动人口。

人才资源：是指比较高级的人力资源。根据人力资本理论，人力资源质量高低是由人力资本含量的多少决定的。人力资本含量是通过人力开发投资形成的，其含量的多寡取决于人力形成的先天形态和后天形态及其开发的深度和广度。

人力资本：是指通过各种形式的投资而提高了人的素质和技能。人力资本包括多种形式的投资结果。

企业人力资源：是指一个企业所拥有的可以用来增加企业效益的存在于员工身上的创造力，它包括员工的体力、技能和知识，其中比较突出的特征是企业对人力资源的使用权，并一般用签订劳动合同的方式来确定企业与其人力资源之间的劳动关系。

四、简答题

1. 答：

（1）人力资源是指能够推动整个经济和社会发展的具有智力劳动和体

力劳动能力的人们的总称。人力资源是存在于具体的人口个体中的具有经济效用和价值的各种能力的总和。经济运行中的具体活动是由处于各种经济组织内的具备一定经济特征的个体去推动的。

（2）人口总体包括生产者人口和消费者人口两部分。作为“资源”的人口主要是生产者人口，即适龄劳动人口，更直接的是其中的经济活动人口。人口资源主要表现的是一个数量观念，它是指一个国家或地区的人口总体。一个人从出生到死亡的整个生命存续时期，都可以看做是人口资源的有机组成部分。人口资源是一个最基本的基数，它是人力资源、劳动资源的基础。

2. 答：

人力资本一般是指通过各种形式的投资而提高了人的素质和技能。广义地看，人力资本包括多种形式的投资结果，如对卫生和营养的投资可以改善人的健康状况；对个人进行培训可以提高一个人的技能；接受正规教育可以提高人的认知能力并有助于学习能力的增强；而对研究和开发的投资可通过外部的效果来提高个人的技术水平等。

3. 答：

（1）处在劳动年龄之内，正在从事社会劳动的人口，它占据人力资源的大部分，可称为“适龄就业人口”。（2）尚未达到劳动年龄、已经从事社会劳动的人口，即“未成年就业人口”。（3）已经超过劳动年龄、继续从事社会劳动的人口，即“老年就业人口”。（4）处于劳动年龄之内、具有劳动能力并要求参加社会劳动的人口，这部分可称为“求业人口”。（5）处于劳动年龄之内、正在从事学习的人口，即“就学人口”。（6）处于劳动年龄之内、正在从事家务劳动的人口。现在从家务劳动社会化的角度看，家务劳动也构成社会劳动的一部分。（7）处于劳动年龄之内、正在军队服役的人口。（8）处在劳动年龄之内的其他人口。前四部分是经济活动人口，构成现实的社会劳动力供给，这是直接的、已经开发的人力资源；后四部分构成现实的劳动力供给，是间接的、尚未开发的、处于潜在形态的人力资源。

4. 答：

（1）人力资源的能动性和创造性。（2）人力资源的形成是人们社会劳动和生命过程的结果。（3）人力资源的再生性和可塑性。（4）人力资源的持续性和时代性。（5）人力资源的时效性和无限性。（6）人力资源的流动性和共用性。（7）人力资源的个体性和社会性。（8）人力资源的进步性和发展性。

5. 答：

（1）自我强化。人口的生产、教育的发展，使得人力资源得以形成和得到强化。这是通过人们自身有目的的活动而实现的。

（2）选择职业。人会根据自己的兴趣、偏好、特长和禀赋选择职业。这也是人力资源主动地与物质资源结合的过程。

（3）积极劳动。人有自我实现的冲动，即主动地把自己投入到社会经济活动中，在社会的实践中实现自身价值并得到社会认可。

6. 答：

（1）人口的再生产。人口的再生产即遵守一般的生物规律，老一代逝去，新一代人又陆续生出来，而且素质会更高。当然，人口再生产还受人类意识的支配。

（2）劳动力的再生产。通过人口总体和劳动力总体内各个个体的不断更换、更新和恢复的过程得以实现。

（3）劳动能力的再生产。人在劳动中会消耗体力和精神，而人通过休息和能量的补充来恢复其劳动能力。人力资源的再生性体现了人力资源相对于物质资源的优势，也说明了我们开发和利用人力资源的重要性。

7. 答：

（1）它是生产力要素中唯一的能动的主体要素，是第一资源。

（2）它是现代经济增长的内生要素。

（3）它可以创造价值，而且还可以增加价值。

8. 答：

（1）人力资源生成是有条件的，有一个自然成长、发育的过程，特别是适应经济发展，更需要专门的培养教育过程，并非随意取来即用。

（2）人力资源可以不断利用、改造大自然，发现、发明、创造物质资源，相对于自然界改造和物质资源而言，人力资源是稀缺资源。

（3）人力资源既是消费力，更是生产力，作为生产力，它是财富创造和财富不断增加的源泉。就其特殊性而言，它永远是一种稀缺资源。

五、论述题

1. 答：

（1）人力资源具有个体性。人力资源潜藏在一个个有生命力的个体人生过程中。人类社会全部人力资源只不过是个体人力资源的集合。开发人力资源必须抓住一个个有生命力的个人。因此，第一个需要确定的具体事实就是这些个人的肉体组织，以及受肉体组织制约的他们与自然界的关系。人们的社会历史始终只是他们的个体发展的历史。无可否认的事实是，没有一个个有生命力的个人，就没有人力资源。

（2）人力资源具有社会性。人是社会的产物，人类存在的第一个前提是必须进行生产，因为只有进行生产才能解决人们生存发展需要的衣、食、住、行等方面的物质资料。任何人的生产活动都必须在一定的社会形式中进行，人们的物质资料生产从一开始就是集体活动，必须以一定的组织形式进行。这就形成了人与人之间的社会关系，使个人成为社会的存在物。现实生活中每一个人都是一定社会关系体系中的人，他的存在和发展要受各种社会关系制约。人在本质上是一切社会关系的总和。人的社会性决定了人的能力的可融合性和可集中性，社会可以把个人的能力汇集成统一的力量。

2. 答：

（1）人力资源是国民经济的特殊资源，缘于：①它是生产力要素中唯一的能动的主体要素，是第一资源。②它是现代经济增长的内生要素。③它可以创造价值，而且还可以增加价值。

（2）人力资源是稀缺性资源。因为：①人力资源生成是有条件的，它有个自然成长、发育的过程，特别是适应经济发展，更需要专门的培养教育过程，并非随意取来即用。②人力资源可以不断利用、改造大自然，发现、发明、创造物质资源，相对于自然界改造和物质资源而言，人力资源是稀缺资源。③人力资源既是消费力，更是生产力，作为生产力，它是财富创造和财富不断增加的源泉。就其特殊性而言，它永远是一种稀缺资源。

（3）人力资源的特殊性、稀缺性决定了人力资源是重要的宝贵资产，是财富，而不是包袱。

（4）人力资源需要开发，而且开发具有投资的连续性。只有不断进行人力资源开发，并把它作为最重要的第一资源要素方能在经济发展和社会进步中发挥出特殊作用。

3. 答：

（1）人力资源作为国民经济的根本性要素，是构成社会经济运动的基本前提。在社会物质资料生产过程中，“人”和“物”构成经济活动的基本要素。把人力要素和物力要素进行比较。从事社会经济活动的各个产业、各个部门、各个企业、各个岗位、各个职业，对于人力、物力有着自己的特定要求，但是，对人力要素的要求必不可少。因此，人力资源是国民经济的根本性要素。缺少了人力资源，社会经济活动无法进行。

生产力是人类运用劳动工具作用于劳动对象从而改造自然界的能力。

从生产力内部关系的角度看，人处于主体地位，是主要的。人的活动以劳动手段作为媒介，施加到劳动对象身上。人和劳动手段是对劳动对象起推动作用的主体。人才是经济运动的根本要素，是劳动手段得以形成的条件。人力资源是国民经济的根本性要素，它还造就了物力要素，并运用物力要素，才构成社会经济运动。

（2）人力资源能够推动物质资源，自动适应物质资源，利用国民经济资源。人力资源能对物力资源进行运用，是因为它具有能动性，居于国民经济的主体地位。由于其能动性的发挥，推动了物质资源。人具有自我调控的机能，人们在从事经济活动时，要根据外部的可能性和自身的条件、愿望，有目的地确定经济活动方向，并根据这一方向具体地选择、运用物质资源。

虽然人力资源与物质资源对于国民经济来说都是必需的。但是物质资源是“死”的资源，是被动的资源；而人力资源则是“活”的资源，是主动的资源。人们可以根据国民经济的发展，调节现实物质资料生产的总量与结构；人们可以根据人类自身的再生产状况和国民经济的发展，对人口增长进行调节；人们可以根据人力资源的状况，对物质资料的生产进行调节；人们还可以根据物质资源的状况，对人力资源的生产、开发、分配、使用进行多方面调节。总之，人力资源除了能够推动物质资源外，还可以通过对自身和对物质资源的调节，主动适应物质资源，从而使得国民经济资源得到较好运用。

（3）人力资源是国民经济增长的主要潜力。在知识经济下，人力资源是国民经济得以高速、持续增长，财富得以增加，国家得以强盛，社会得以进步的根本。国民经济的增长主要依靠人力资源的发展。国民经济的增长，不外乎是人力、物力两方面投入，一是增加物力的投入，二是增加人力的投入。在人力、物力的投入中，最主要的是人力方面的投入，特别是增加高质量人力投入，比增加物力投入取得的收益更大。

第七章 人力资源的数量和质量

考核内容

一、人力资源的数量

（一）人力资源具有数量的规定性

人力资源的数量是人力资源存量的重要方面，是人力资源量的规定性，表现为某一特征范围内的人口。

劳动年龄是人力资源数量的重要标志。劳动年龄的规定通常由一个国家的劳动法规或有关制度加以规定或确认。

（二）人力资源的数量指标

人力资源的数量指标是指可以创造物质财富和精神财富或为社会提供劳务和服务的人力资源的数量。可以直接用其绝对数，也可以用其相对数。

二、人力资源的质量

（一）人力资源质的规定性及其表现

1. 人力资源质量的内涵

所谓人力资源的质量，是指最能体现人的体力和脑力的生理素质和科学文化素质以及这两者的综合，即人力资源所具有的体质、智能、知识、技能等方面的内容。

人的自然属性是指每个个体的身体素质方面的内容，是个体之间区别的表面特征。人的社会属性表现为人的思想素质和文化科学素质。

人力资源质量受自然的、社会的多种因素的制约。

人的身体素质、思想素质、科学文化素质和劳动技能素质是人力资源质的规定性的主要内容，它们有机地存在于活的人体中。身体素质可以说是人力资源质量的自然条件和基础，思想素质、科学文化素质和劳动技能素质则可以说是人力资源社会属性的质量高低的主要标志。

2. 影响人力资源质量的主要因素

一是先天因素即遗传因素的影响。二是社会历史文化遗产和教育因素的影响。三是个人努力的影响。

（二）人力资源质量的重要意义

1. 人力资源质量是人力资源开发的出发点。

2. 人力资源质量对生产力的发展有着巨大的影响作用。

3. 人力资源的内在质量对于财富生产和经济发展具有重要的意义。

（三）提高人力资源质量的途径

1. 加快教育事业的发展是提高人力资源质量的基础工程。

2. 创造良好的社会氛围，形成有利于提高人力资源质量的外部环境。

3. 发展和完善人力资源市场，是提高人力资源质量的内在动力。

4. 建立一套与社会主义市场经济体制相适应的激励机制。

重点和难点

本章是重点，应该掌握的知识点有：（1）人力资源具有数量的规定性。（2）人力资源的数量指标。（3）人力资源质量的内涵。（4）人力资源质的规定性及其表现。（5）影响人力资源质量的主要因素。（6）人力资源质量的重要意义。（7）提高人力资源质量的途径。

同步综合练习

一、单项选择题

1. 劳动年龄的规定通常由一个国家的（　）。

A. 人口规模来确定　　B. 劳动适龄人口规模来确定

C. 劳动法规来规定　　D. 经济发展水平来确定

2. 根据我国现行制度规定，我国男性劳动力的劳动年龄界限为（　）。

A. 16～60 岁　　B. 16～55 岁

C. 15～60 岁　　D. 15～65 岁

3. 根据我国现行制度规定，我国女性劳动力的劳动年龄界限为（　）。

A. 16～60 岁　　B. 16～55 岁

C. 15～60 岁　　D. 15～65 岁

4. 按联合国通用人口分类标准，老年人口界定范围是（　）。

A. 55 周岁以上 B. 60 周岁以上

C. 65 周岁以上 D. 70 周岁以上

5. 从人力资源内部的替代性来看，人力资源的质对量的替代性（ ）。

A. 较强 B. 同程度

C. 较差 D. 为零

6. 人力资源质量受多种因素的制约，但归根到底是（ ）。

A. 由生物学规律决定的

B. 由社会生产方式状况及其发展决定的

C. 由社会经济发展水平决定的

D. 由社会智力投资水平决定的

7. 下列属于人力资源质量自然属性的是（ ）。

A. 身体素质 B. 思想素质

C. 科学文化素质 D. 劳动技能素质

8. 下列属于人的思想素质的是（ ）。

A. 知能 B. 知识

C. 技能 D. 传统习惯

9. 下列属于现实的人力资源的是（ ）。

A. 失业人口 B. 在学人口

C. 军队服役人口 D. 自愿失业者

10. 提高人力资源质量的基础工程是（ ）。

A. 加快经济发展速度

B. 创造有利于提高人力资源质量的良好社会氛围

C. 建立一套有效的激励机制

D. 加快教育事业的发展

二、多项选择题

1. 人力资源的数量是人力资源量的规定性，人力资源的数量包括（ ）。

A. 所有劳动适龄人口

B. 有劳动能力的人口

C. 参加社会劳动的非劳动适龄人口

D. 有劳动能力的劳动适龄人口

E. 参加社会劳动的劳动适龄人口

2. 可以用来衡量一个国家人力资源数量的指标有（ ）。

A. 市场劳动人口比例　　B. 实际市场劳动量
C. 现实人力资源数量　　D. 人力资源率
E. 人口出生率

3. 人力资源分为现实人力资源与潜在人力资源，现实劳动力主要包括（　　）。

A. 劳动年龄内的在业人口　　B. 劳动年龄内的无业人口
C. 在校学习人口　　D. 15 岁以下未成年劳动者
E. 60 岁以上老年劳动者

4. 人力资源分为现实人力资源与潜在人力资源，潜在劳动力主要包括（　　）。

A. 军队服役人口　　B. 监狱服刑人口
C. 在校学习人口　　D. 非付酬的家务劳动
E. 自愿失业者

5. 人力资源的质量是指人力资源所具有的综合素质，下列各项属于人力资源质量方面内容的有（　　）。

A. 体质　　B. 智能　　C. 知识
D. 技能　　E. 年龄

6. 下列各项表述对生理素质的理解正确的有（　　）。

A. 生理素质是体力形成与发挥的基础
B. 生理素质是智力得以改善提高的基础
C. 生理素质是人力资源发挥创造性和主观性的根本源泉
D. 生理素质更多地依赖于先天性遗传，而非后天培养
E. 生理素质主要表现为人力资源的身体素质

7. 人力资源质量受到多种因素制约与影响，下列各项属于影响人力资源质量的因素有（　　）。

A. 生物学规律　　B. 社会规律
C. 社会经济制度　　D. 社会生产方式及其发展
E. 生产力发展

8. 人力资源的质量即人力资源的规定性的主要内容包括（　　）。

A. 身体素质　　B. 思想素质
C. 科学文化素质　　D. 劳动技能素质
E. 人力资源结构

9. 影响人力资源质量的因素是多方面的，影响人力资源质量的主要因素有（　　）。

A. 遗传因素　　　　　　B. 社会历史文化因素
C. 教育因素　　　　　　D. 政治制度
E. 个人努力

三、名词解释

人力资源的数量　人力资源规模　人力资源的质量　生理素质　思想素质　科学文化素质

四、简答题

1. 如何理解人力资源数量的规定性？
2. 如何理解人力资源质量的自然属性？
3. 如何理解人力资源质量的社会属性？
4. 简述人力资源质的规定性的主要内容。

五、论述题

1. 论述影响人力资源质量的主要因素。
2. 结合中国人力资源实际，分析提高人力资源质量的意义。
3. 分析提高人力资源质量的主要途径。

参考答案

一、单项选择题

1. C	2. A	3. B	4. C	5. A
6. B	7. A	8. D	9. A	10. D

二、多项选择题

1. CDE	2. ABCD	3. ABDE	4. ABCDE	5. ABCD
6. ABE	7. ABDE	8. ABCD	9. ABCE	

三、名词解释题

人力资源的数量：是人力资源存量的重要方面，是人力资源量的规定性，表现为某一特征范围内的人口，包括劳动年龄中具有劳动能力的全部人口以及在劳动年龄外实际常年参加社会劳动的人口总数。

人力资源规模：是指人力资源数量所涵盖的范围体现的分量与格局。

人力资源的质量：是指最能体现人的体力和脑力的生理素质和科学文化素质以及两者的综合，即人力资源所具有的体质、职能、知识、技能等方面的内容。

生理素质：即身体素质，它要求有健康强壮的体质，这不仅是体力得以形成和发挥作用的生理基础，而且是智力得以改善和提高的生理基础。

思想素质：主要包括人生观、道德观、价值观、思想品质和传统习惯等。这些内容在阶级社会中包含着各自阶级的性质，它也始终都是构成该时代特定社会人的质的规定性的重要方面。

科学文化素质：科学文化素质主要包括文化知识、科学知识水平以及劳动技能和经验。这是人类在认识、改造自然和社会过程中长期积累的知识结晶，是人本身逐步形成的认识世界的能力。科学文化素质是人力资源发挥创造性和主观能动性的根本源泉。

四、简答题

1. 答：

（1）人力资源的数量是人力资源存量的重要方面，是人力资源量的规定性，表现为某一特征范围内的人口，包括劳动年龄中具有劳动能力的全部人口以及在劳动年龄以外实际常年参加社会劳动的人口总和。

（2）劳动年龄是人力资源数量的重要标识。劳动年龄的规定通常由一个国家的劳动法规或有关制度加以规定或确认。在关于人力资源量的规定性上，实际涉及的是人力资源的统计范围和口径问题，它是对质的规定性在数量上的表达。

2. 答：

人力资源质量的自然属性是指每个个体的身体素质方面的内容，是个体之间区别的表面特征。身体素质要求有健康强壮的体质，这不仅是体力得以形成和发挥作用的生理基础，而且是智力得以改善和提高的生理基础；身体素质的提高，又为增强思想素质、文化科学素质和劳动技能素质提供了更为优越的条件和基础。

3. 答：

（1）人的社会属性，从两个方面表现了人的重要素质，一方面表现为人的思想素质，另一方面表现为人的科学文化素质。人的思想素质主要包括人生观、道德观、价值观、思想品质和传统习惯等。这些内容在阶级社会中包含着各自阶级的性质，它也始终都是构成该时代特定社会人的质的规定性的重要方面。科学文化素质主要包括文化知识、科学知识水平以及劳动技能和经验。这是人类在认识、改造自然和社会过程中长期积累的知识结晶，是人本身逐步形成的认识世界的能力。它是构成人力资源的质的规定性的又一个重要方面。

（2）科学文化素质是人力资源发挥创造性和主观能动性的根本源泉。思想素质、科学文化素质和劳动技能素质是人力资源社会属性的质量高低的主要标志。人的思想素质、科学文化素质和劳动技能素质的提高，有利于身体素质的提高。

4. 答：

人的身体素质、思想素质、科学文化素质和劳动技能素质是人力资源质的规定性的主要内容，它们有机地存在于活的人体中。身体素质是人力资源质量的自然条件和基础，思想素质、科学文化素质和劳动技能素质则是人力资源社会属性质量高低的主要标志。人的思想素质、科学文化素质和劳动技能素质的提高，有利于身体素质的提高；而人的身体素质的提高，又为增强思想素质、科学文化素质和劳动技能素质提供了更为优越的条件和基础。

五、论述题

1. 答：

(1) 先天因素即遗传因素的影响。国外心理学家研究表明，血缘关系越近，智力发育程度也就越近。许多优秀科学家和艺术家的子女或孙子女也成为优秀科学家和艺术家就是明证。当然，我们并不是在宣扬“血统论”，也不能把这种影响绝对化。

(2) 社会历史文化遗产和教育因素的影响。人力资源质量主要构成要素是人的智力和体力。人的智力和体力的发展有着不同的特点。体力的发展表现出离散性和间断性，但是，智力的发展却表现出连续性和积累性。每个人的智力的发展无法单独孤立地进行，而必须在社会群体的相互作用中才能完成。智力作为信息传递和处理方式，可以被分割，可以为他人所分享。所以，后人可以继承前人的智力成果，其主要方式就是靠教育，中国是个具有 5 000 年文明历史的古国；中华民族是个具有极其丰富的文化沉淀的伟大民族。从孔夫子到孙中山，从秦始皇到毛泽东，东方文化无时无刻不在影响着、熏陶着每一个炎黄子孙。教育则是其中的一个伟大的中介。

(3) 个人努力的影响。一个人的智力主要是后天获得的。一个人即使很聪明，一个国家或地区历史文化遗产即使很丰富，如果没有个人后天的努力学习，那么，这个人的智力水平也不会很高的，也许是个平庸之辈。由此可见，影响人力资源质量的至关重要的因素是教育和学习。

2. 答：

(1) 人力资源质量是人力资源开发的出发点。人力资源的开发，不仅是对既成劳动力的“开采”与“利用”，还应该是“塑造”“发展”与“利用”并举，它包括了对既成劳动力的利用与对潜在劳动力的塑造与发展的双重任务。就是最大限度地提高其各种现有的知识水平和能力，把各种潜能变为现实，使其更能创造性地胜任自己的工作，为国家建设多做贡献。

(2) 人力资源质量对生产力的发展有着巨大的影响作用。人力资源对生产力的作用，不仅表现在为生产力的发展提供充足数量的劳动力，而且还表现在为生产力的发展提供合乎质量要求的合格劳动力。在国民经济活动中，无论多么先进的生产技术，多么高的生产力发展水平，都是在具有特定质量的劳动力人口作用下取得的。如果一个社会只能为生产力的提高提供充足数量的劳动力，而不能提供合乎质量要求的合格劳动力，生产力就会因此得不到动力而停滞、倒退甚至衰落。在当前科学技术日新月异的时代，没有掌握现代科学技术的人，实际上也就不可能有高速度发展的生产力。

(3) 人力资源的内在质量对于财富生产和经济发展具有重要的意义。人作为生产者，其有效的生产能力主要不是取决于人口或劳动者的数量，而是取决于人口或劳动者的内在质量。在人口素质低下的情况下，即使有庞大的人口数量也可能导致人力资源有效供给的短缺。

总之，人力资源质量的提高对整个社会经济的可持续发展起着一种基础性的支撑作用，它既是社会发展的基本动力，也是社会发展的归宿。它不但能促进管理水平，优化资源配置，而且可以提高要素生产率和发展质量，进而大大加快社会财富的积累和人类文明的进程。因此，必须大力加强人力资源质量培养。

3. 答：

(1) 加快教育事业的发展是提高人力资源质量的基础工程。人力资源不像自然资源那样是由大自然赋予形成的，它在一定程度上可以说是人造资源。如不对人力资源加大培养力度，就会造成只有人口形式而无人口质量的实质，造成人力资源的枯竭。而开发人力资源，提高人力资源质量的基础工程是教育。

(2) 创造良好的社会氛围，形成有利于提高人力资源质量的外部环境。在物质、精神、信息这三大基本动力中，物质动力是第一位的。因此，要提高人力资源质量，就需在重视发展教育的同时，重视知识分子尤其是知识、技术精英们的社会地位与经济地位。

(3) 发展和完善人力资源市场是提高人力资源质量的内在动力。人力资源市场是人力资源供需双方基于双向选择而发生的一系列劳动契约的总和。从更深的层次上讲，反映的是一种劳动力供求之间以劳动交换为基础的社会关系，它是社会主义市场体系的重要组成部分。

(4) 建立一套与社会主义市场经济体制相适应的激励机制。在这个知识经济的时代，我们的国家、企业和个人都面临着严峻的挑战。产品不采用新技术，成果将会被淘汰；企业不采用新技术，将会面临破产；个人不掌握新技术，将会被迫下岗；国家不发展高科技产业，将会陷入困境。重重危机要求生产实体——企业制定一套与社会主义市场经济相适应的激励机制，促使劳动者自我加压，负重开拓。

第八章　人力资源的发展和构成

考核内容

一、世界人力资源发展

（一）世界人力资源发展趋势

在人口增长方面，目前世界范围内主要呈现三大态势，人口高增长率、人口的负增长、人口老龄化。

（二）世界主要国家人力资源发展情况

（1）美国的人力资源发展。（2）日本的人力资源发展。（3）德国的人力资源发展。（4）韩国的人力资源发展。（5）新加坡的人力资源发展。（6）印度的人力资源发展。

二、中国人力资源的发展

（一）中国人力资源的现状

地大物博、人口众多，是我国最基本的国情。我国人口数量上升的趋势不可逆转，正是人口数量的上升带来了人力资源总量的增长。

1. 人才总体增量表现

人才总体增量表现包括高层次人才增量表现、科技人才增量表现、教育人才增量表现、党政人才增量表现、企业人才增量表现、金融人才增量表现、信息人才增量表现、国际经贸人才增量表现、少数民族人才增量表现。

2. 中国人才总体缺口分析

国民受教育程度比例远远不能适应现代社会发展的需要。国民整体素质不高，导致了中国人才严重缺乏。（1）高级人才缺口。（2）企业人才缺口。（3）教育人才缺口。（4）农村人才缺口。（5）少数民族人才缺口。（6）其他部分专业人才缺口。

（二）影响人力资源素质的因素

影响人力资源素质的因素主要表现在：

人才政策法规环境分析。（1）人才政策体系建设滞后。（2）人才政策尚处于完善阶段。(3) 人才政策的稳定性不够。

人才管理机制环境分析。(1) 人才培养制度相互脱节。(2) 人才选拔、使用制度不健全。(3) 人才流动渠道不畅。(4) 人才激励、约束制度不完善。(5) 部门之间的协调机制不顺。

人才的教育环境分析。(1) 高等教育发展明显滞后。(2) 人才资源开发投入不足。(3) 教师队伍整体素质不高。

(三) 中国人力资源的发展趋势与挑战

1. 人才队伍建设的近期目标有：中国近期扩大人才队伍总量的主要预期目标，提高人才队伍整体素质的主要预期目标，调整和优化人才队伍结构的主要预期目标。

2. 人才队伍发展预测。

3. “民工荒”问题探讨。

三、人力资源的构成

(一) 自然构成

人力资源的自然构成是根据人力资源的自然特征来划分的，它反映人力资源的自然属性的质的规定性。主要包括人力资源的性别构成和年龄构成。

(二) 社会构成

人力资源的社会构成是根据人力资源的社会经济特征来划分的，它反映人力资源的社会属性的各种质的规定性，是按一定的经济特征或者社会特征来划分和组合的人力资源结构比例关系。

(三) 地域构成

人力资源的地域构成是根据人力资源的居住地的地域特征来划分的，它既有反映人口居住地自然环境特征的一面，又有反映其社会经济环境特征的一面。

(四) 中国人力资源的构成分析

1. 人力资源的构成。

2. 我国人力资源构成的现状。

(五) 我国人力资源的构成变化

1. 人力资源产业构成的变化。

2. 人力资源数量、质量的变化。

四、人力资源的评估方法

(一) 人力资源评估的理论基础

人力资源价值评估的一般理论基础是按生产要素分配的理论。具体表现为两个方面：

1. 各类生产要素的收入由各类要素的市场价格决定，而各类要素的市场价格由要素市场的供求来决定。

2. 各类要素的收入由其在生产过程中的边际生产力决定。

（二）人力资源价值的评估方法

1. 人力资源价值的货币性计量方法：（1）人力资源个人价值的计量方法，未来工资报酬折现法、随机报酬法。（2）人力资源群体价值的计量方法，非购买商誉法、经济价值法。

2. 人力资源价值的非货币性计量方法：技能详细记载法、人力资源价值技术指标统计法、绩效评价法、潜力评价法、工作态度测定法。

重点和难点

本章应掌握的知识点有：（1）目前世界范围内主要呈现的三大态势。（2）世界主要国家人力资源发展情况。（3）中国人才总体增量表现。（4）影响人力资源素质的因素。（5）中国人力资源的发展趋势与挑战。（6）自然构成、社会构成和地域构成的含义。（7）中国人力资源的构成分析。（8）我国人力资源的构成变化。（9）人力资源评估的理论基础。（10）人力资源评估的方法。

同步综合练习

一、单项选择题

1. 美国、日本、德国等发达国家人力资源开发的共同手段是（　　）。

A. 教育　　B. 竞争

C. 高薪　　D. 人才开发战略

2. 以现代科技经济为主导的国家，劳动人口的文化程度一般（　　）。

A. 以初中为起点　　B. 以高中为起点

C. 以大专为起点　　D. 以本科为起点

3. 人力资源自然变动归根到底取决于（　　）。

A. 教育水平　　B. 劳动力市场的发育程度

C. 社会经济的发展　　D. 人口结构

4. 根据人力资源的社会经济特征来划分的人力资源构成是（　　）。

A. 地域构成　　B. 文化构成

C. 自然构成　　D. 社会构成

5. 根据人力资源的自然特征来划分的人力资源构成是（　　）。

A. 社会构成　　B. 文化构成

C. 自然构成　　D. 地域构成

6. 根据人力资源的地域特征来划分的人力资源构成是（　　）。

A. 社会构成　　B. 地域构成

C. 自然构成　　D. 文化构成

7. 人力资源的地域构成的变动，实质上取决于（　　）。

A. 地理环境　　B. 人文环境及其变动

C. 传统习惯　　D. 社会经济条件及其变动

8. 人力资源价值评估的一般理论基础是（　　）。

A. 资本分配理论　　B. 市场价格调节理论

C. 按生产要素分配理论　　D. 知识资本理论

9. 下列属于人力资源个人价值的计量方法的是（　　）。

A. 非购买商誉法　　B. 经济价值法

C. 随机报酬法　　D. 绩效评价法

10. 下列属于人力资源价值的非货币性计量方法是（　　）。

A. 非购买商誉法　　B. 随机报酬法

C. 经济价值法　　D. 工作态度测定法

二、多项选择题

1. 在人口增长方面，目前世界范围内主要呈现的态势有（　　）。

A. 人口高增长率　　B. 人口的负增长

C. 人口的零增长　　D. 人口老龄化

E. 人口年轻化与老年化并存

2. 一般来讲，人力资源的构成包括（　　）。

A. 自然构成　　B. 社会构成　　C. 地域构成

D. 密度构成　　E. 国别构成

3. 人力资源的经济的社会构成主要包括有（　　）。

A. 人口产业构成　　B. 劳动资源构成

C. 人口的教育程度构成　　D. 在业人口的行业构成

E. 人口的年龄构成

4. 人力资源的非经济的社会构成主要包括（　　）。

A. 人口的文化构成　　B. 人口的教育程度构成
C. 婚姻家庭状况　　D. 在业人口的职业种类
E. 人口民族构成

5. 人力资源的地域构成包括（　　）。
A. 人力资源的自然地理构成　B. 人力资源的行政区域构成
C. 人力资源的国别构成　D. 人力资源的地域密度
E. 人力资源的城乡构成

6. 人力资源作为一种特殊的资产，具有的特征包括（　　）。
A. 系统性　B. 复合型　C. 动态性
D. 排他性　E. 共益性

7. 人力资源价值评价的货币性计量方法有（　　）。
A. 未来工资报酬折现法　B. 随机报酬法
C. 非购买商誉法　D. 绩效评价法
E. 经济价值法

8. 人力资源价值评价的非货币性计量方法有（　　）。
A. 技能详细记载法　B. 人力资源价值技术指标统计法
C. 潜力评价法　D. 工作态度测定法
E. 绩效评价法

三、名词解释

人力资源的自然构成　人力资源的社会构成　人力资源的地域构成　未来工资报酬折现法　随机报酬法　非购买商誉法　经济价值法　绩效评价法　潜力评价法　工作态度测定法

四、简答题

1. 世界人力资源发展有哪些态势？
2. 中国高级人才缺口有哪些表现？
3. 有哪些主要因素影响中国人力资源素质？具体表现在哪些方面？
4. 中国人才队伍建设的近期目标是什么？
5. 我国人力资源构成面临着哪些问题？
6. 简述我国人力资源的构成变化。

参考答案

一、单项选择题

1. A　2. B　3. C　4. D　5. C

6. B　　7. D　　8. C　　9. C　　10. D

二、多项选择题

1. ABD　　2. ABC　　3. ABD　　4. ABCE　　5. ABE

6. ACDE　　7. ABCE　　8. ABCDE

三、名词解释题

人力资源的自然构成：是根据人力资源的自然特征来划分的，它反映人力资源自然属性的质的规定性。

人力资源的社会构成：是根据人力资源的社会经济特征来划分的，它反映人力资源社会属性的各种质的规定性，是按一定的经济特征或者社会特征来划分和组合的人力资源结构比例关系。

人力资源的地域构成：是根据人力资源的居住地的地域特征来划分的，它既有反映人口居住地自然环境的特征，又有反映其社会经济环境的特征。主要包括人力资源的自然地理构成、人力资源的行政区域构成、人力资源的城乡构成。

未来工资报酬折现法：将支付给职工从录用到退休或死亡期间的工资报酬，按一定的折现率折成现值作为人力资源的价值。

随机报酬法：将某人在其工作期间一直服务于某一组织的期望条件价值，按其继续留职的概率，调整折算成当前的实现价值，作为人力资源的价值。

非购买商誉法：将一个企业的当期收益水平超过同行业正常收益水平的部分予以资本化的价值，作为人力资源价值。这种方法以每年实际收益数字为基础，具有较大的客观性和可操作性。

经济价值法：通过预测未来各期收益，并将预测的盈利折成现值，予以加总，最后按照人力资源投资占总投资的比例，计算人力资源的价值。

绩效评价法：对某人的工作状况通过打分的方式进行具体评价，并按一定顺序进行级别排列。

潜力评价法：确定某人在工作中的发展和职务提升的可能性，其目的是为了计量某人能为组织提供多大的潜在服务。

工作态度测定法：衡量工作人员的态度，主要是了解工作人员对某些客观事物的感情倾向，以便估计工作人员对他们所从事的工作、报酬、环境以及整个组织的看法。

四、简答题

1. 答：

(1) 人口高增长率。世界人口一直在不断增长，预计到 2050 年，世界总人口将达到93亿，人口增长的贡献主要取决于发展中国家，人口的增长势必带来全球人力资源的增加，同时也表现为人力资源数量各国之间的不均衡。全球人口增长在未来数十年会受到巨大压力。

（2）人口的负增长。一方面是世界人口的不断增长，另一方面是一些国家的人口出现了负增长，即该国人口呈现逐年递减之势。欧洲从现在起到2050年每年需要180万移民，才能维持1995年的人口水平；每年需要360万移民，才能维持现在的就业年龄人口水平；甚至需要每年2 520万移民，才能维持就业与退休人口之间的合理比例。

（3）人口老龄化。许多国家特别是发达国家，目前已步入人口老龄化阶段，到2050年，欧洲国家65岁以上老人比例将达到总人口的33%。人口老龄化将带来一系列社会问题，尤其是老龄人的养老福利、医疗及生活等问题。

2. 答：

（1）虽然中国的人才总体规模已超过6 000多万，但高层次人才仍然十分短缺。在全国29个专业技术系列中，具有高级职称以上的高层次人才共157.3万人，只占专业技术人员总数的5.15%。全国具有本科及本科以上学历的专业技术人员仅占全部专业技术人员的17.5%。

（2）公派留学生数量不足。随着知识经济、信息技术的发展，社会对高级人才的需求量越来越大。虽说中国公派留学生工作取得了很大成绩，但依然存在一些不足，主要是公派人员数量长期徘徊不前，同时，层次也需要进一步提高。

（3）引进国外人才的规模小。以2001年为例，当年中国企事业单位自主引进（不包括外商投资企业的人员）的在华工作6个月以上的外国人才只有2万多人，仅及美国同期引进人才的1/10，新加坡的1/4。

（4）缺乏高端技术专家和复合型人才。以中国电子信息产业科技人员为例，2002年，电子制造业从业人数为322.8万人，通信制造、广播电视业、电子计算机业各为30多万人，其中多为工人及营销系统的人员，人员整体素质较低。

（5）高级技工人才总量严重不足。目前，中国技术工人文化程度低的多、高的少，技术等级低的多、高的少，高等级技术工人年龄大的多、年轻的少。中国工人队伍中技术工人只占23%。

3. 答：

（1）人才政策法规环境方面：人才政策体系建设滞后，人才政策尚处于完善阶段，人才政策的稳定性不够。

（2）人才管理机制环境方面：人才培养制度相互脱节，人才选拔、使用制度不健全，人才流动渠道不畅，人才激励、约束制度不完善，部门之间的协调机制不顺。

（3）人才的教育环境方面：高等教育发展明显滞后，人才资源开发投入不足，教师队伍整体素质不高。

4. 答：

（1）中国近期扩大人才队伍总量的主要预期目标是：到 2005 年，具有中专及中专以上学历或专业技术职称的各类人员达到 8 350 万人以上，其中专业技术人员达到 5 400 万人以上。各类人才占社会总人口比例达到 6.3%左右。

（2）提高人才队伍整体素质的主要预期目标是：在提高思想政治素质、加强职业道德建设的同时，使人才的知识水平和能力素质有较大提高。到 2005 年，在各类人才中具有大学以上学历的达到 58.8%左右，每 10 万人口中具有大学以上学历的达到 3 700 人以上，从事研究和实验发展活动的科学家与工程师全时人员达到 90 万人以上。

（3）调整和优化人才队伍结构的主要预期目标是：人才在产业、地区、城乡间的分布趋于合理，人才的专业、年龄结构和高、中、初级专业技术人才的比例趋于合理；人才结构与经济结构基本适应，人才队伍的整体素质明显提高；干部人事制度和人才管理体制改革取得新进展，有利于优秀人才脱颖而出、人尽其才的有效机制逐步建立，人才市场体系和人才管理法规日趋完善，人才成长的环境进一步优化。

5. 答：

（1）人才专业机构和行业分布不合理。初级和长线专业人才供过于求，传统产业的一般专业人才偏多，而高新技术专业和跨领域、跨行业、跨科学的复合型人才普遍短缺，农业、信息、金融、财会、外贸、法律、生物技术、环保等行业人才严重不足，特别是熟悉国际贸易规则，能够参与解决国际争端的专门谈判人才匮乏，涉及国家安全与发展领域的研究人才青黄不接，后继乏人。

（2）人力资源在层次、地区和所有制结构间失衡。高层次专业技术人才比例偏低，仅占总数的 6%左右，且年龄结构偏高。

（3）竞争激励机制不够健全、完善，各类人员的潜能得不到充分发挥。计划经济体制下形成的户口、档案、身份、社会保障制度仍然没有从根本上改变。相反，某些地区还出台了一些新的限制外地人才进入的职业范围。这些都限制了人才流动，成为人才流动的羁绊。

6. 答：

(1) 人力资源产业构成的变化。我国第一产业的社会劳动者总数的比重有所下降，而且，改革开放以来下降的速度加快；第二产业劳动力不但相对增加，而且绝对数迅速增长，第三产业劳动力则不断增加。

(2) 人力资源数量、质量的变化。从人力资源数量看，人口趋势是决定人力资源数量的主要因素，由于人口规模增大导致人力资源数量增加，1999 年全国总人口为 1 269 353 千人，经济活动人口为 73 385 万人；从人力资源的质量看，我国劳动者文化教育水平有较大提高。

第九章　人力资源的开发与利用

考核内容

一、人力资源开发与利用的关系

（一）人力资源开发与利用的辩证关系

人力资源的开发与利用有着紧密的联系。人力资源开发的目的就是为了利用，也就是说，利用是最终的目的。但是人力资源开发是人力资源利用的前提。

（二）社会生产力的高度发展对人力资源开发的新要求

1. 现代社会生产力随着科学技术的发展而发展。

2. 现代社会生产力的发展使生产向着专业化和多样化的方向发展。

3. 现代社会生产力的发展，社会生产对人力资源的利用主要不是人力资源的数量，而是人力资源的质量；不是劳动者的体力，而是劳动者的智力。

二、人力资源的开发

（一）人力资源开发的概念

人力资源的开发就是指以人力资源为中心，培养、发掘、充分利用人力资源的能力。人力资源开发包含两个层次：一方面是指人力资源的充分发掘和合理利用；另一方面是指人力资源的培养与发展。

人力资源开发一般分为三个层级：第一层级是政府开发。第二层级是用人单位开发。第三层级是人力本身的自我开发。

（二）人力资源开发的理论基础

人力资源开发是一门综合性很强的学科，它的理论借鉴了许多其他领域的研究成果。

1. 学习理论。早期的学习理论关注的是个体的学习行为，关于个体的学习理论主要有三种，行为主义、认知主义和人本主义。

2. 系统理论。学习理论从个体层次提高到组织层次离不开系统理论的影响和贡献。

3. 效绩理论。学习从个人层次上升到组织层次，其最终目的是为了提高组织的效绩。效绩有三个层次，个人、群体和组织。

4. 经济学理论。经济学原理中的人力资本理论是人力资源开发的又一个理论基础。

学习、系统、效绩和经济这四种理论之间是相互联系的。学习是人力资源开发的手段，效绩是人力资源开发的目的，系统是设计、组织和实施学习活动的一种机制，经济学是衡量效绩的一种途径。

（三）人力资源开发的内容

1. 人力资源的心理开发，生存动力开发，自主动力开发。

2. 人力资源的伦理开发。劳动者的道德要求包括主人翁的劳动态度，忠于职守，团结协作，业务技术精益求精，为社会公众服务和通过多种形式的教育活动、完整的规章制度和企业或组织的文化来对人力资源的伦理进行开发。

3. 人力资源的生理开发。（1）疲劳的形成与精力的恢复。（2）劳动环境与人体生理效应。

4. 人力资源的智力开发。人力资源开发的最重要的一个方面就是对人力资源的智力开发，以提高劳动者的知识水平和劳动技能。

（四）人力资源开发的途径

（1）控制人口数量。（2）科教兴国。（3）劳动人事和干部管理制度改革。

三、人力资源的利用

（一）人力资源利用的含义及相关因素

人力资源的利用就是把具有一定体力、智力的劳动者配置、投入到一定的社会领域中，并让他们在其中发挥作用，以推动社会发展的过程。

人力资源的充分利用可以说表现为“充分就业”。人力资源的利用与社会制度的性质和社会生产力发展水平有关。

（二）社会主义人力资源利用的特点

（1）人力资源利用不包含阶级对立。（2）人力资源利用直接影响经济发展。（3）人力资源过剩是“供给不足”型的过剩。

（三）我国人力资源利用的制约因素

（1）人口数量膨胀限制了人口质量的提高。（2）教育水平相对落后导致人口素质偏低。（3）分布不平衡造成人力资源的浪费。（4）不合理的劳动管理制度制约着人力资源的流动。

重点和难点

本章是重点，应全面掌握，主要知识点有：(1) 人力资源开发与利用的关系。(2) 人力资源开发的概念。(3) 人力资源开发的理论基础。(4) 社会生产力的高度发展对人力资源开发的新要求。(5) 人力资源开发的途径。(6) 人力资源利用的含义。(7) 人力资源利用的相关因素。(8) 社会主义人力资源利用的特点。(9) 我国人力资源利用的制约因素。

同步综合练习

一、单项选择题

1. 人力资源开发的最终目的就是为了（　　）。

A. 提高素质　　B. 增强人力资本

C. 被社会利用　　D. 提高竞争力

2. 现代社会生产力的发展促使社会生产对人力资源的利用主要不是利用（　　）。

A. 劳动者的智力　　B. 劳动者的体力

C. 劳动者的专业知识　　D. 劳动者的专业技能

3. 现代人力资源的开发是多层次的，人力资源开发的第一级层次开发是（　　）。

A. 政府开发　　B. 用人单位开发

C. 人力自身开发　　D. 劳动开发

4. 现代人力资源的开发是多层次的，人力资源开发的第二级层次开发是（　　）。

A. 政府开发　　B. 用人单位开发

C. 人力自身开发　　D. 劳动开发

5. 现代人力资源的开发是多层次的，人力资源开发的第三级层次开发是（　　）。

A. 政府开发　　B. 用人单位开发

C. 人力自身开发　　D. 劳动开发

6. 在人力资源开发的学习、系统、效绩和经济学这四种理论的关系中，学习是人力资源开发的（　　）。

A. 目的　　B. 机制

C. 途径　　D. 手段

7. “生存动力论”是生存动力开发的理论之一，它是由（　　）提出来的。

A. 傅立叶　　B. 哈伯德

C. 恩格斯　　D. 圣西门

8. “情欲引力论”是生存动力开发的理论之一，它是由（　　）提出来的。

A. 傅立叶　　B. 哈伯德

C. 恩格斯　　D. 圣西门

9. “动力的动力论”是生存动力开发的理论之一，它是由（　　）提出来的。

A. 傅立叶　　B. 哈伯德

C. 恩格斯　　D. 圣西门

二、多项选择题

1. 下列表述符合人力资源开发与利用的辩证关系的有（　　）。

A. 人力资源开发是人力资源利用的前提

B. 人力资源利用是人力资源开发的前提

C. 人力资源开发是人力资源利用的目的

D. 人力资源利用是人力资源开发的目的

E. 人力资源开发先于人力资源利用进行

2. 现代社会生产对人力资源的利用主要体现在（　　）。

A. 人力资源的数量　　B. 人力资源的质量

C. 人力资源的体力　　D. 人力资源的智力

E. 人力资源的教育

3. 人力资源开发的理论基础是多方面的，下列理论属于人力资源开发理论基础的有（　　）。

A. 学习理论　　B. 人本理论　　C. 系统理论

D. 社会学理论　　E. 经济学理论

4. 下列各项属于学习型组织构成要素的是（　　）。

A. 系统思考　　B. 思维模式　　C. 共同前景

D. 团队学习　　E. 动态发展

5. 人力资源心理开发主要内容包括（　　）。

A. 生存动力开发　　B. 自主动力开发　　C. 生理动力开发

D. 社会压力开发　　E. 内省智力开发

6. 生存动力是人类劳动最根本的动力，生存动力开发理论主要有（　　）。

A. 情欲动力论　　B. 生存动力论　　C. 动力的动力论
D. 发展动力论　　E. 自主动力论

7. 根据“动力的动力论”所提出的需求层次理论，人的需求层次分为（　　）。

A. 生存的需要　　B. 发展的需要　　C. 情欲的需要
D. 个人实现的需要　　E. 享受的需要

8. 人类社会的不同经济形态决定了人的不同发展阶段，人的发展阶段有（　　）。

A. 依附关系的人　　B. 独立的人　　C. 社会的人
D. 经济的人　　E. 自由的人

9. 社会压力开发是人力资源心理开发的主要内容，它主要包括的内容有（　　）。

A. 主人翁意识　　B. 团队合作　　C. 个人心理
D. 竞争机制　　E. 群体压力

10. 人力资源的智力开发主要包括（　　）。

A. 言语智力　　B. 机械智力　　C. 身体运动智力
D. 人际智力　　E. 空间智力

11. 人力资源的充分利用表现为“充分就业”，人力资源的利用与下列因素有关（　　）。

A. 社会制度的性质　　B. 劳动力的就业结构
C. 社会生产力发展水平　　D. 生产运作方式
E. 劳动力市场

12. 与资本主义相比，社会主义人力资源利用的特点有（　　）。

A. 人力资源利用不包括阶级对立
B. 人力资源过剩是一种“供给过剩”型的过剩
C. 人力资源利用直接影响经济发展
D. 人力资源过剩是一种“供给不足型”的过剩
E. 人力资源利用间接影响经济发展

三、名词解释

人力资源开发　人力资源心理开发　人力资源伦理开发　人力资源生理开发　人力资源利用

四、简答题

1. 人力资源开发与利用是怎么样的关系？

2. 简述人力资源心理开发的主要内容。

3. 简述人力资源伦理开发的主要内容。

4. 简述人力资源生理开发的主要内容。

5. 简述人力资源智力开发的主要内容。

6. 人力资源开发有哪些主要途径?

7. 人力资源利用与哪些方面有关?

五、论述题

1. 社会生产力的高度发展对人力资源开发提出了哪些新的要求?

2. 分析人力资源开发的理论基础。

3. 分析社会主义人力资源利用的特点。

4. 分析我国人力资源利用的制约因素。

参考答案

一、单项选择题

1. C	2. B	3. A	4. B	5. C
6. D	7. B	8. A	9. C	

二、多项选择题

1. ADE	2. BD	3. ACE	4. ABCD	5. ABD
6. ABC	7. ABE	8. ABE	9. DE	10. ACDE
11. AC	12. ACD			

三、名词解释题

人力资源开发：是指以人力资源为中心，培养、发掘、充分利用人力资源的能力。

人力资源心理开发：主要是针对劳动者的需求动机，调动劳动者的积极性和主动性，增强劳动动力。

人力资源伦理开发：是指唤起劳动者的道德精神，激发起无穷的精神力量。

人力资源生理开发：主要是以保护人力资源为目的，按照人的生理规律，科学地组织和安排劳动。

人力资源利用：是把具有一定的体力、智力的劳动者配置、投入到一定的社会领域中，并让他们在其中发挥作用，以推动社会发展的过程。

四、简答题

1. 答：

人力资源的开发与利用有着紧密的联系。人力资源开发的目的就是为了利用，也就是说，利用是最终的目的。但是人力资源开发是人力资源利用的前提。从一般意义上讲，只有开发人力资源才能为社会所利用。而且在利用中、利用后还要不断进行再开发。在知识经济社会中，必须通过人力资源的开发，才能对人力资源进行有效的利用。

2. 答：

人力资源的心理开发主要是针对劳动者的需求动机，调动劳动者的积极性和主动性，增强劳动动力。(1) 生存动力开发。生存动力是人类劳动最根本的动力。(2) 自主动力开发。自主动力是指劳动者的主人翁地位、主人翁意识和主人翁责任，这是对其行为的激发力量。(3) 社会压力开发。主要包括竞争机制和群体压力。

3. 答：

人力资源的伦理开发是指唤起劳动者的道德精神，激发起无穷的精神力量。包括以下内容：主人翁的劳动态度、忠于职守、团结协作、业务技术精益求精、为社会公众服务。

4. 答：

人力资源的生理开发主要是以保护人力资源为目的，按照人的生理规律，科学地组织和安排劳动。包括：(1) 疲劳的形成与精力的恢复。主要是适当休息，合理安排工作时间，尽量减轻劳动量，选择有利的作业姿势，改善工作环境，转移心理疲劳，加强人体营养，坚持身体锻炼和保证足够的睡眠时间。(2) 劳动环境与人体生理效应。根据人的生理界限，可将劳动环境分为三类：超生理界限环境、生理不舒适环境、生理舒适环境。

5. 答：

人力资源开发的最重要的一个方面就是对人力资源的智力开发，以提高劳动者的知识水平和技能。主要包括言语智力、逻辑与数学智力、空间智力、音乐智力、身体运动智力、人际智力、内省智力等的开发。

6. 答：

(1) 控制人口数量。人力资源的开发是以一定的人力资源数量为前提，但并不是人口数量越多，开发的成效就越大。我国多年来实行的计划生育正是以控制人口数量和提倡优生优育为基本内容。可以说计划生育政策是人力资源开发的前提和基础，计划生育政策是人力资源开发总体框架中的重要组成部分。

(2) 科教兴国。人力资源开发的另一项主要内容是提高人的素质，挖掘人的潜力。而这正是教育培训工作的使命与任务。我国的人力资源从数量上说是极其庞大的，而科技文化素质与世界其他各国相比却是比较低的。因此，把科教兴国战略纳入到人力资源开发的总体框架中来，更能体现科教兴国在我国社会经济发展中的重要意义，能更好地推动科教兴国的实行。

(3) 劳动人事和干部管理制度改革。劳动人事和干部管理制度的改革目标，也是为了使各种层次和类型的人力资源与各种组织机构的工作要求、组织目标等相匹配。职得其人和人适其职、人尽其能是互为前提的。我国人力资源的分布状态与目前我国正在建立社会主义市场经济体制，转变政府职能，进行西部大开发的要求不相吻合。因此，我们必须对劳动人事和干部管理制度进行深化改革，建立科学的人力资源管理体制和管理制度，提高并利用好现有的人力资源存量，不断地提高其素质。

7. 答：

(1) 人力资源的利用与社会制度的性质有关。在资本主义制度下存在劳动者与生产资料相分离的社会矛盾，相对过剩人口是资本主义制度的必然产物，人力资源不可能真正实现充分利用。在社会主义制度下，摆脱了资本主义制度下存在的劳动者与生产资料相分离的社会矛盾，人力资源中所有的成员都已具备可能的条件去与生产资料相结合，从而有了实现充分利用人力资源的可能性。

(2) 人力资源利用与社会生产力发展水平有关。社会生产力规模和水平不同，对人力资源利用的程度也不同。一般来说，在以手工操作为主的时代，对人力资源的利用主要表现在数量上。到了机器大工业时代（乃至现在的知识经济时代），对人力资源的利用主要表现为越来越偏重于质量，对人力资源的数量利用则相对减少，甚至绝对减少。这就是人力资源的利用与生产规模的扩大和生产技术构成之间的矛盾，当人力资源供给量超过了社会生产所需要的劳动力容纳量时，就自然会出现人力资源过剩的现象。

五、论述题

1. 答：

(1) 现代社会生产力随着科学技术的发展而发展。任何社会职业和岗位都日益需要更高的技术，社会生产过程也变得越来越技术化。只有经过开发，经过专门的学习、培养和训练的人力资源，才能成为符合工作岗位需要的劳动者而被社会所利用。可见，人力资源的开发与利用的结合已经更加密切了。

（2）现代社会生产力的发展使生产向着专业化和多样化的方向发展。社会生产专业化和多样化客观上要求人力资源既要适应专业化生产，具有较高专业技能，又要适应多样化生产，适应不同专业岗位工作，掌握多种专业技能。人力资源要适应这种要求，在使用过程中必须进行不断地开发，不断地通过学习和培训，掌握新的专业知识和专业技能，以适应新的岗位工作。可见，人力资源的利用不仅要求在利用前要进行人力资源的开发，而且要求在利用中、利用后不断地进行人力资源的再开发。

（3）现代社会生产力的发展，社会生产对人力资源的利用主要不是针对人力资源的数量，而是针对人力资源的质量；不是劳动者的体力，而是劳动者的智力。劳动者将越来越多地从事脑力劳动，运用判断、分析、设计、决策、创造等能力开展工作。这就要求劳动者具有较高的文化水平，掌握足够的专业知识和专业技能。对人力资源开发来说，提出了更新、更高的要求，即必须对人力资源进行科学地、深入地、系统地开发。

2. 答：

（1）学习理论。早期的学习理论关注的是个体的学习行为，关于个体的学习理论主要有三种：行为主义、认知主义和人本主义。行为主义认为学习的过程就是一个不断对刺激产生反应的过程，因而学习的产生就是一个对所希望的结果不断强化的过程。行为主义关注的是人们的行动而不是人们的思想。与之相对应，认知主义认为人的思考对于学习过程和学习效果非常重要。认知主义关注人们对信息的接收、组织和处理，并且认为人们根据以前的知识和经验来构建自己的认识。人本主义认为人是学习的主体和中心，人应该决定学习的内容、手段和目标。

随着人力资源开发领域的不断扩展和重要性的不断加强，以及其他学科的发展，人们对学习的认识从个人层次提高到组织层次，即从整个组织的角度来设计和实施学习活动，以满足组织发展的需要。

（2）系统理论。学习理论从个体层次提高到组织层次离不开系统理论的影响和贡献。根据系统论观点，一个系统应是开放的，系统内部的各个部分相互依存、相互作用，应为系统的总体目标做出贡献。以系统论观点来看待人力资源开发，就不能把人力资源开发看做是组织中一个孤立的事件，它应是整个组织系统中的一部分。在从事人力资源开发活动时，不仅要考虑组织系统对活动的影响，还要考虑活动对实现组织战略所做的贡献。

（3）效绩理论。学习从个人层次上升到组织层次，其最终目的是为了提高组织的效绩。效绩理论的出现，标志着人力资源开发从以“学习”为中心转移到以“效绩”为中心。为提高人力资源开发对于组织的战略价值以及在组织中的地位和可视性，人力资源开发必须要为实现组织目标做出贡献，必须要围绕组织中关键的效绩要求来开展工作。根据效绩理论，效绩有三个层次：个人、群体和组织。以下六个因素影响着效绩的提高：激励、奖励和结果，数据和信息、效绩的标准和反馈，资源、工具和环境，个人的能力，动机、期望和雇员对组织的看法，技能和知识。

（4）经济学理论。经济学原理中的人力资本理论是人力资源开发的又一个理论基础。根据人力资本理论，人是一种特殊的资本，人所具有的知识、技能和经验能够提高组织的生产率从而给组织带来经济价值。根据经济学原理可以对人力资源进行投入和产出分析，从而论证这部分投入的合理性和必要性。在一个竞争激烈和高速发展的商业世界里，许多组织都面临着资源短缺的问题，而且有限的资源总是流向收益更高的活动。人力资源开发活动要想获得其所需要的资源，必须能够证明它对组织的经济贡献。

以上学习、系统、效绩和经济这四种理论之间是相互联系的。总体说来，学习是人力资源开发的手段，效绩是人力资源开发的目的，系统是设计、组织和实施学习活动的一种机制，经济学是衡量效绩的一种途径。

3. 答：

（1）人力资源利用不包含阶级对立。资本主义社会存在着资本与劳动的阶级对立，存在的相对过剩的人口实际上是工人阶级有劳动能力人口的过剩，具有阶级对立的性质。而在社会主义公有制条件下，社会生产目的是最大限度地满足人民日益增长的物质文化需要。因此，社会主义人力资源不是哪个特殊阶级的人力资源，是全社会的人力资源，出现人力资源过剩即失业是全社会的事，其后果也由全社会来承担和解决。因而社会主义人力资源利用不具有阶级对立的性质。

（2）人力资源利用直接影响经济发展。资本主义相对过剩的人口只不过是作为生产周期的指示器，对经济发展并无直接影响。社会主义的社会经济活动从本质上来说，是不需要人力资源过剩现象存在的。实际上，任何人力资源过剩现象的存在，都会对经济发展带来直接的严重影响。一是影响人均消费水平的提高；二是人均消费水平的降低势必会造成人力资源质量降低的后果；三是造成很大的劳动就业压力，影响生产技术和劳动生产率的提高。

（3）人力资源过剩是“供给不足”型的过剩。资本主义社会的人力资源过剩是由“资本过剩”产生的，是生产力过分发达的结果。社会主义社会没有资本主义那种“资本过剩”的人力资源过剩，是生产力发展不够引起的，正是由于生产力水平低，积累总量不够才产生人力资源未能充分利用的现象。从这个意义上说，它是“供给不足”产生的人力资源过剩。只要社会生产力不断得到发展，社会供给不断增加，人口的增长又能得到有效控制，人力资源过剩问题将会得到较好的解决。

4. 答：

(1) 人口数量膨胀限制了人口质量的提高。从建国以后到20世纪70年代末，由于理论上和政策上的失误，在人口管理上放任自流，结果导致我国出现了空前的人口增长高峰。此后，尽管宏观上实行政策调整，强有力地推行了计划生育政策，但由于人口发展的基数庞大，其增长势头难以在短期内降下来。人口的高速增长，形成了一种人口数量替代人口质量的恶性循环，直接导致人口质量下降。

(2) 教育水平相对落后导致人口素质偏低。尽管建国以来我国的文化教育事业取得了长足的进步和发展，但按经济发展的要求，与世界发达国家相比仍然存在着很大差距。我国的人口素质普遍偏低，主要表现在全国文盲、半文盲的人数还很多，人力资源中从事体力劳动和简单劳动的人过多，缺乏从事开拓性和创造性的专门人才。这样，难以与现代化建设和知识经济时代相适应。

(3) 分布不平衡造成人力资源的浪费。由于众多原因，我国人力资源分布极不平衡，这些不平衡体现在地区差异、行业差异、城乡差异等方面。这样的结果，形成了有些行业、地方人满为患、人浮于事，人力资源浪费极大。而有些行业、地方人才短缺，制约了经济和社会发展。这种不平衡现象需要从经济、思想、政策等多方面入手来解决。

(4) 不合理的劳动管理制度制约着人力资源的流动。我国长期以来实行严格的户籍管理制度和人事管理制度，使得人们不能够自由地选择自己的职业和岗位，工作积极性得不到充分发挥，也不能产生相应的经济效益。这样大大限制了人力资源有选择地双向流动，造成了人力资源的浪费，扩大了城乡差别，阻碍了生产力的发展。

第十章 人力资源发展战略

考核内容

一、人力资源与经济发展的关系

（一）人力资源经济的形成

一个国家的人力资源的现状，会对社会经济产生巨大的影响，而且会形成一种社会条件，反过来影响和制约整个社会的经济发展。各国的人力资源存在着很大的差异，各国总是根据本国的人力资源的状况，制定出符合本国人力资源状况的经济发展战略和方针，并形成各具特点的人力资源经济。

（二）人力资源在经济发展中的影响

1. 高素质的人口有利于规模经济和经济可持续发展目标的实现。

2. 人力资本具有收益递增的特点。

3. 高素质的人力资源还是保证外资利用效果的先决条件。

4. 人力资源成为经济和社会发展最重要的战略性资源。

（三）社会经济发展对人力资源的要求

1. 知识经济的崛起：重新认识人力资源及其发展趋向。

2. 全球竞争的加剧：企业工作重点转移到人力资源的开发与管理工作上。

3. 我国企业人力资源管理现状：构建企业人力资源开发与管理新战略的迫切性。人力资源管理部门的地位较低。企业还未真正树立“以人为中心”的意识。企业人力资本存量和利用效率较低。

二、人力资源发展战略的制定

（一）现代化对人力资源发展的客观要求

1. 人力资源战略研究日益成为世界性的课题。

2. 中国应将人力资源作为第一资源加以战略考虑。

3. 将“人口负担”转为人力资源应该成为中国人力资源战略的重要思路。

4. 人力资源优势发挥的前提是人力资源开发、人力质量提高。

5. 人力资源的优先开发，机不可失，时不再来。

（二）制定人力资源战略的重要意义

人力资源战略主要包括宏观人力资源战略和微观人力资源战略。

1. 21 世纪企业经营环境的变革需要人力资源战略。21 世纪企业经营环境的变化主要体现在以下三个方面：经济全球化、社会知识化、信息网络化。

2. 21 世纪人力资源战略的重要意义。(1) 人力资源战略的制定和实施可以保证企业总体战略目标的实现。(2) 人力资源战略的制定和实施有助于将企业利益与职工个人利益结合起来。(3) 人力资源战略可以指导企业的人力资源开发管理工作。(4) 人力资源战略可以帮助企业改进人力资源开发与管理的方法，使其更加合理、更富有激励作用。

（三）企业人力资源战略发展的内容

(1) 树立“以人为本”的管理思想，高度重视人力资源。(2) 重新定位人力资源开发与管理目标，营造人才辈出的良好氛围。(3) 构建战略性人力资源开发与管理模式，发挥人力资源管理的战略作用。(4) 完善企业人力资源管理体系，有效开发运用人力资源。(5) 做好人力资源开发与管理的基础工作，变人力资源为人力资本。(6) 培育人力资源竞争特性，获取企业持久竞争优势。(7) 加强人力资源管理队伍建设，提高人力资源开发与管理水平。(8) 深化分配领域的改革，构建人力资本投资与回报的合理机制。(9) 加速人力资源市场制度体系的建设，优化人力资源配置。

重点和难点

本章是重点，应全面掌握，主要知识点有：(1) 人力资源经济的形成。(2) 人力资源在经济发展中的影响。(3) 社会经济发展对人力资源的要求。(4) 宏观人力资源战略的含义。(5) 微观人力资源战略的含义。(6) 现代化对人力资源发展的客观要求。(7) 制定人力资源战略的重要意义。(8) 我国企业人力资源战略发展的内容。

同步综合练习

一、单项选择题

1. 人力资本具有的特点是（　　）。

A. 收入递减　　　　　　　　B. 收入递增

C. 收入无限性　　　　　　　D. 收入有限性

2. 人类迈入 21 世纪，人力资源成为经济和社会发展中最重要的（　）。

A. 增值性资源　　　　　　　B. 再生性资源

C. 创新性资源　　　　　　　D. 战略性资源

3. 根据世界银行的统计，现在全球的财富是由人力资源组成的占（　　）。

A. 54％　　　　　　　　　　B. 64％

C. 74％　　　　　　　　　　D. 84％

4. 在经济全球化、国际竞争加剧的形势下，企业的工作重点转移到（　　）。

A. 迎接挑战和把握机遇上　　B. 人力资源的合理配置上

C. 采取新技术和产品创新上　D. 人力资源的开发和管理工作上

5. 人力资源优势发挥的前提是（　　）。

A. 加强管理和合理配置　　　B. 人力资源的开发和质量提高

C. 有效的激励机制　　　　　D. 良好的人文环境

6. 高质量的人力资源对经济增长可以发挥（　　）。

A. 倍数效应　　　　　　　　B. 主导效应

C. 主体效应　　　　　　　　D. 缓解效应

7. 将人力资源转变为人力资本的关键是（　　）。

A. 通过教育，提高人力资源的质量

B. 通过人力资源的开发和管理，提高劳动生产率

C. 通过有效激励，提高积极性

D. 通过合理配置，实现资源配置最优化

8. 美国哈佛大学威廉·詹姆的研究表明，员工在受到充分激励时，可发挥其能力的（　　）。

A. 30％～40％　　　　　　　B. 50％～60％

C. 60％～70％　　　　　　　D. 80％～90％

二、多项选择题

1. 人口过快增长会阻碍经济发展，人口对经济发展的阻碍主要体现在（　　）。

A. 人口过快增长会降低人均收入水平

B. 人口过快增长会影响生产方式选择

C. 人口过快增长会影响教育和健康

D. 人口过快增长会降低社会再生产水平

E. 人口过快增长会加重环境污染

2. 知识经济也称智力经济，下列各项对知识经济的理解正确的有（　　）。

A. 知识经济中无形资产比有形资产更具有决定性作用

B. 知识经济强调人力资源开发在经济中的作用

C. 知识经济更崇尚个人自主精神和创造力

D. 知识经济倡导不断学习

E. 知识经济更能体现人力资本的价值

3. 与发达国家的企业相比，中国企业人力资源管理主要存在的不足有（　　）。

A. 人力资源管理部门的地位较低

B. 人力资源管理人员设置水平低

C. 人力资源管理工作主要局限于行政事务性工作

D. 企业未树立“质量管理”意识

E. 企业人力资本存量和利用效率较低

4. 现代经济发展证明，人力资源质量提升对一个国家或地区的经济增长具有重要的作用，主要体现在（　　）。

A. 高质量的人力资源可以替代自然资源

B. 高质量的人力资源可以深度开发自然资源

C. 高质量的人力资源可以降低消费支出

D. 高质量的人力资源可以发挥倍数效应

E. 高质量的人力资源可以避免资源浪费

5. 宏观人力资源发展战略的主要内容包括（　　）。

A. 控制人口数量，减轻劳动就业压力

B. 加强教育投资，提高人力资源素质

C. 按照市场经济规律要求配置资源，允许人力资源合理流动

D. 调整人力资源产业结构，大力发展第二、第三产业

E. 逐步实现有中国特色的人口城镇化

6. 21 世纪企业经营环境的变化主要体现在（　　）。

A. 经济全球化　　B. 社会网络化　　C. 社会知识化

D. 信息网络化　　E. 管理知识化

7. 从人力资源开发与管理的角度看，人的劳动生产率主要取决于

(　　)。

A. 数量调节　　B. 合理配置　　C. 人力资本投资

D. 人员激励　　E. 制度监督

三、名词解释

知识经济　宏观人力资源战略　微观人力资源战略

四、简述题

1. 过多的人口会阻碍经济发展主要表现在哪些方面?

2. 我国企业人力资源管理与发达国家企业相比存在的差距主要表现在哪些方面?

3. 现代化对人力资源发展提出了哪些客观要求?

4. 为什么说人力资源质量提高比物质资本和人力数量的增加对经济增长更为重要?

5. 宏观人力资源战略包括哪些主要内容?

6. 通过人力资源开发与管理提高劳动生产率有哪些基本途径?

五、论述题

1. 论述人力资源在经济发展中的影响。

2. 分析社会经济发展对人力资源的要求。

3. 论述制定人力资源战略的重要意义。

4. 分析企业人力资源管理战略发展的内容。

参考答案

一、单项选择题

1. B　2. D　3. B　4. D　5. B

6. A　7. B　8. D

二、多项选择题

1. ACE　2. ABCDE　3. ABCE　4. ABD　5. ABCDE

6. ACD　7. ABCD

三、名词解释题

知识经济：是一种以智力资源占有、配置、生产、分配、使用为最重要经济因素的经济。

宏观人力资源战略：是指描绘人力资源为实现社会经济发展战略目标而采用的发展途径和方式，它是整个社会经济发展战略体系中的一个组成部分。

微观人力资源战略：是指企业为适应外部环境变化和内部人力资源开发与管理自身发展的需要，根据企业的总体战略制定的人力资源开发与管理的方向性的发展途径和方式。

四、简答题

1. 答：

（1）人口的过快增长会降低人均收入水平。马尔萨斯曾提出人口增长均衡的陷阱，即由于人口增长快于产量增长，使得人均收入水平在较低水平上达到均衡。

（2）人口过快增长会影响到教育和健康。一般家庭规模越大，子女平均教育程度越低，其健康水平也越差。从人口增长与公共教育来看，人口增长对教育的影响主要在学生的人均经费上。人口增长会降低政府用于教育费用的人均水平，从而会引起教育质量的降低。

（3）人口增长会加重环境污染。鉴于人口增长对经济发展的两方面作用，应采取适当的人口政策，使人口增长与经济发展相协调。

2. 答：

（1）人力资源管理部门的地位较低。首先，从人力资源部门的设置和人员配备上看，我国不少企业，尤其是中小企业，没有设置专门的人力资源管理部门和专职的管理者，人力资源管理职能大都由总经理办公室或行政部兼任。其次，从人力资源部门的工作内容性质上看，许多企业人力资源管理工作仍主要局限于行政事务性工作，如人员招聘、选拔、工资管理、绩效考核、人员培训、档案管理等，活动范围有限，属于短期导向，很少涉及企业的战略决策。

（2）企业还未真正树立“以人为中心”的意识。从各个企业的人力资源管理制度内容来分析，大都是就员工考勤、奖惩制度、工资分配、工作规划等方面对员工加以限制，对员工的管理方式还是以“管”为主，而不是以“开发”为主，还未真正树立“以人为中心”。

（3）企业人力资本存量和利用效率较低。目前，我国企业普遍存在人力资本存量和利用效率较低的现象，这与我国目前整体的人力资本存量和利用情况的基本特点是一致的。

3. 答：

（1）人力资源战略研究日益成为世界性的课题。随着社会经济的发展，人们越来越清楚地认识到，人力资源实际上是一种特殊的资本性资源，对这一资源的开发和有效、充分地利用，是增加社会财富的真正源泉，是社会经济良性运行、协调发展的起点和归宿，是强国之路和富国之本，也是人类自身发展的重要组成部分。

(2) 中国应将人力资源作为第一资源加以战略考虑。中国是个发展中国家，又是个人口大国。同时，中国是个自然资源既丰富又短缺的国家。从资源结构上看，中国资源的最大优势是人力资源，所以中国应将人力资源作为第一资源加以战略考虑，优先开发人力资源。

(3) 将"人口负担"转为人力资源应该成为中国人力资源战略的重要思路。多年来，作为发展中国家的中国，人口过多对就业、资源环境和人均产出造成巨大压力。大量事实证明，人口密度高的地区的发展速度一般要比人口密度低的地区快。改革开放以来，中国使人口压力转化为人力资源推力的社会机制力量正变得强大起来，正是这种通过制度创新生长起来的机制力量，保证了在不可逆转的人口增长趋势下中国现代化的光明前景。

(4) 人力资源优势发挥的前提是人力资源开发、人力质量提高。现代经济发展证明，就一个国家或地区的经济增长而言，人力资源质量提高对经济增长的贡献比物质资本和人力数量的增加重要得多。

(5) 人力资源的优先开发，机不可失，时不再来。人力资源是一种时效性资源。其开发、配置和使用都受个体生长周期的限制。人的劳动能力、知识和技能，主要是通过教育和培训生成的。而人的一生中受教育和培训有其最佳的时间规律，错过黄金时间，人力资源的质量得不到提高，就会随着时间的流逝而降低或丧失人力资源应有的作用。

4. 答：

(1) 高质量人力资源可以替代自然资源，以缓解资源的短缺。

(2) 高质量的人力资源不仅能深度开发和有效利用自然资源，而且能够创造出新的物质资源以弥补原有的不足。

(3) 高质量的人力资源对经济增长可以发挥倍数效应。

5. 答：

(1) 控制人口数量，减轻劳动就业压力。(2) 加强教育投资，提高人力资源素质。(3) 逐步实现具有中国特色的人口城镇化。(4) 按市场经济规律要求配置人力资源，允许人力资源的合理流动。(5) 调整人力资源产业结构，大力发展第三产业。

6. 答：

(1) 数量调节。人力资源的经济投入是提高劳动生产率的第一个基本途径。不管是何种企业，人力都不能投入太多，只有各种生产要素的能力匹配，人均技术装备及资金占有达到一定水平，人的作用才能得到充分发挥。

（2）合理配置。人员的合理组织和配置，是提高劳动生产率的第二个基本途径。应使各部门生产力均衡并力求人尽其才，各尽所能。整个企业的生产经营活动是由各部门相互协作完成的，因此，各部门生产力必须均衡，某一部门若人力不足，就会影响到其他各部门的产出而导致整个企业生产率下降。

（3）人力资本投资。教育培训是人力资源开发利用的重要内容，其主要作用是通过进行人力资本投资来提高人力资源的素质和能力。通过教育、培训提高企业员工的素质，是提高劳动生产率的第三个基本途径。

（4）人员激励。人员激励是提高劳动生产率的第四个基本途径。组织激励水平高，员工积极性越高，组织生产力也就越高，这既是一般常识，又是科学研究得出的结论。

五、论述题

1. 答：

（1）高素质的人口有利于规模经济和经济可持续发展目标的实现。人口数量对经济发展既有积极作用，也有消极作用。一方面，一定数量的人口是相应人力资源得以形成的基础。另一方面，过多的人口又会阻碍经济发展，如人口的过快增长会降低人均收入水平，影响到教育和健康，还会加重环境污染。

（2）人力资本具有收益递增的特点。人力资源是一种活的、能动的智力资源，其使用过程是伴随着知识更新、经验积累、能力开发和个性完善等一系列自我丰富、强化和发展的过程。人力资本的增强会使生产过程中的技术系数发生变化，因而人力资本会带来投资的高回报，是一种高增值性资本。因此，人力资本投资与物质资本投资不同，它在总体上和长期上具有收益递增的特点。

（3）高素质的人力资源还是保证外资利用效果的先决条件。历史表明，通过增加投资而且靠吸引外资来发展经济的地区，增加对人力资本的投资具有关键性的作用。

（4）人力资源成为经济和社会发展最重要的战略性资源。人类已经迈入了 21 世纪，经济全球化不断深入，科技进步日新月异。知识经济发展迅速，世界范围内产业结构调整步伐也在加快，知识创新、科技创新在经济社会发展中的作用日益重要。知识经济的发展使知识成为最重要的终极资源，人力资源作为知识的载体和知识的创造者、传播者、应用者和发展者，已成为关键的战略资源。

2. 答：

（1）知识经济的崛起：重新认识人力资源及其发展趋向。知识经济是一种以智力资源的占有、配置、生产、分配和使用为最重要经济因素的经济。在传统经济发展中，资本设备等有形资产的投入起决定性作用，而在知识经济中，智力、知识、信息、技能等无形资产的投入起决定性作用。知识经济强调人力资源的开发，特别是人力资源的创造力的开发在经济发展中的作用。

（2）全球竞争的加剧：企业工作重点转移到人力资源的开发与管理工作上。经济全球化加速了重要生产要素在全球范围内的自由流动和合理配置，促进了全球产业结构的优化和生产力的增长，给各国和企业带来了巨大的利益，但同时也带来了全球性竞争的巨大风险和压力。因此，在全球化发展趋势和市场竞争日趋激烈的情况下，人力资源管理已被从传统的人事管理提高到企业战略高度来考虑，制定远期人力资源规划及人力资源战略，以配合和保障企业总体战略目标的实现。人力资源部门被视为与生产、经营、销售等业务部门一样，能给企业带来效率和效益的业务部门，人力资源部门成为企业真正的战略决策部门，并且得到各业务部门和上层管理部门真心诚意的承认。

（3）我国企业人力资源管理现状：构建企业人力资源开发与管理新战略的迫切性。随着知识经济的崛起和市场竞争的日益激烈，企业人力资源开发与管理面临着新的环境、新的问题和新的考验，而对于我国企业来说，人力资源开发与管理更是任重而道远。尤其是中国加入 WTO 以后，中国经济将进一步跟世界接轨，企业将向国际化迈进，而外国资本也将会更加深入和广泛地渗入到中国市场中来。在这种情况下，竞争会更加激烈，且主要体现在要素市场，特别是人力资源的竞争上。如果中国企业不能通过人力资源开发和管理等手段有效地吸引和留住人才，那么在将来的竞争中会处于非常不利的地位。因此，探究企业竞争优势与人力资源开发与管理战略问题对于我国企业谋求长期发展就显得十分迫切和必要了。

3. 答：

（1）人力资源战略的制定和实施可以保证企业总体战略目标的实现。人力资源战略是企业为适应外部环境日益变化的需要，根据企业的发展战略制定的人力资源开发与管理的长远规划。它是企业总体战略的重要的组成部分，它的制定和实施有助于保证企业总体战略目标的实现和竞争优势的建立。

（2）人力资源战略的制定和实施有助于将企业利益与职工个人利益结

合起来。人力资源战略将员工个人期望与企业战略目标结合起来，从双方的长远利益出发，确定需要解决的主要问题，舍异求同，以达到共同发展、共同获得利益的目的。

（3）人力资源战略可以指导企业的人力资源开发管理工作。人力资源战略可以帮助企业根据市场环境的变化和人力资源开发与管理自身的发展，建立切合企业实际的人力资源开发与管理方法。根据科学技术的发展趋势，有针对性地对员工进行开发与培训，提高员工的素质与能力，适应技术发展的要求等。

（4）人力资源战略可以帮助企业改进人力资源开发与管理的方法，使其更加合理、更富有激励作用。由于人力资源战略充分考虑到环境的不断变化这个因素，它对人力资源开发与管理所采用的方法有重要的指导意义。企业可以根据人力资源战略，根据企业内外部环境的不同而采用不同的人力资源开发与管理方法。

4. 答：

（1）树立“以人为本”的管理思想，高度重视人力资源。在新的经济时期，知识日益成为决定企业生存和发展的重要资源。人作为知识的主人和驾驭者，人的主动性、积极性和创造性的调动和发挥的程度直接决定着企业的创新能力，最终决定着企业的生存和发展。企业各级管理者要树立“以人为本”的管理思想，高度重视人力资源及其开发管理。在企业经营发展过程中，把对人的能力的培养和积极性的调动放在头等重要的位置，关心人、尊重人、满足人的合理需求，以调动人的积极性。

（2）重新定位人力资源开发与管理目标，营造人才辈出的良好氛围。人力资源开发与管理目标的确立，对于整个人力资源开发与管理体系来说是至关重要的。它是人力资源开发与管理的制高点，直接影响着人力资源开发与管理战略的定位以及人力资源开发与管理的具体实施，也关系着企业能否开发出具有竞争优势的人力资源。知识经济时代下，企业人力资源开发与管理的目标除了要拥有一支队伍以外，应把重点放在创造机制上，为促进优秀人才脱颖而出营造良好氛围。

（3）构建战略性人力资源开发与管理模式，发挥人力资源管理的战略作用。常言道“十年树木，百年树人”，企业的设备、技术、原材料等物质资源可以购买或引进，而企业发展所需要的大量人才资源，必须自己培养，引进的人才只能是少数。同时，一个员工要成为高智能的人才，需要有一个长期的知识积累和社会实践过程。因此，企业要通过人力资源战略以获取企业的竞争优势，就必须将人力资源的开发与管理纳入企业的战略管理之中，构建战略性人力资源开发与管理模式，从而发挥其在企业战略管理中的战略作用。

（4）完善企业人力资源管理体系，有效开发运用人力资源。企业要有效实施战略性人力资源管理，充分开发运用人力资源，获取智力资本竞争的优势，建立一个具有完整性、科学性和可行性，而且保证与企业管理总功能相一致和协调的人力资源管理体系非常重要。从成功企业人力资源管理的经验来看，一个成功的企业人力资源管理体系，应是由一系列子系统组成的动态系统。这些系统既相对独立又相互制约、相互影响，构成一个充满活力的整体。

（5）做好人力资源开发与管理基础工作，变人力资源为人力资本。企业能否在激烈的市场竞争中获取竞争优势的一个必要条件是：企业人力资源必须具有价值性，也就是说，作为企业的人力，必须是具有与企业生产经营活动相适应的劳动能力，能够创造出超过自身消费的剩余价值，能够为企业提供积累，具有一定知识和技能的劳动者。只要将人力资源开发出来，转变为人力资本，资本是能带来剩余价值的价值。只有当劳动生产率超过一定水平时，人力资源才真正转变为人力资本。

（6）培育人力资源竞争特性，获取企业持久竞争优势。人力资源具有价值性，是企业获取竞争优势的必要条件。但是，企业要获取持久的竞争优势，还需要加强培育难以模仿的人力资源特性——稀缺性，为此，企业应做好以下几方面工作：一是重视开发人力资源的企业特殊技能，二是加强培育团队导向的企业文化氛围，三是有效实施人力资源系统化管理。

（7）加强人力资源管理队伍建设，提高人力资源开发与管理水平。各项人力资源开发与管理活动，都离不开人力资源管理者，人力资源管理者素质的状况，关系到人力资源开发与管理成效的大小。如果人力资源管理者缺乏有关人力资源开发与管理方面的理论知识，不懂人力资源开发与管理的基本原则和方法，就不能有效地引导人力资源活动，为企业培养具有竞争优势的人力资源特性。因此，要确立人力资源管理部门在企业中的战略地位，就必须加强人力资源管理队伍建设，不断提高人力资源管理者素质，优化从业人员配置，从而增加人力资源部门的含金量。

（8）深化分配领域的改革，构建人力资本投资与回报的合理机制。对人力资源开发所进行的投资称为人力资本投资。在现代市场经济条件下，这种投资是一种经济行为，投资主体要求以经济利益的形式对投资给予回报。大量事实也证明，对人的投资的确要高于单纯的物质投资，特别是两种投资同步进行时，对人的投资更是对物的投资的最根本的保证。按照劳动者对其素质提高的投资量，应在获得的资本收益上予以体现，以强化提高劳动技能的激励机制，从根本上调动劳动者投资自身素质的积极性，从而提高其整体素质。

（9）加速人力资源市场制度体系的建设，优化人力资源配置。人力资源市场制度体系的建立与完善，是提高中国人力资源开发利用水平的基础条件。在承认人力资源所特有的人力资本商品化、市场化、社会化、价值化的前提下，人力资源市场制度体系应包括以下三个方面的内容：一是人力资源开发制度，二是人力资源流动制度，三是人力资源使用制度。